全媒体出版论丛

QUANMEITI
CHUBAN LUNCONG

崔恒勇 等著

知识产权出版社
全国百佳图书出版单位
—北京—

图书在版编目（CIP）数据

全媒体出版论丛/崔恒勇等著.—北京：知识产权出版社，2023.10
ISBN 978-7-5130-8499-4

Ⅰ.①全… Ⅱ.①崔… Ⅲ.①传播媒介—文集 Ⅳ.①G206.2-53

中国版本图书馆 CIP 数据核字（2022）第 231520 号

内容提要

在互联网与大数据等技术广泛应用的背景下，传统行业的经营理念和运营方式受到巨大的冲击与颠覆，互联网在潜移默化地影响着我国的出版行业。本书以互联网思维解析全媒体出版的内涵，重新建构与之匹配的全媒体出版平台，研究出版品牌策略、品牌传播的影响、版权转化等内容。希望本书的研究成果可以对全媒体出版发展提供参考。

本书可供从事全媒体出版及相关领域工作的人员参考使用。

责任编辑：田 姝　　　　　　　责任印制：孙婷婷
执行编辑：肖 寒

全媒体出版论丛
QUANMEITI CHUBAN LUNCONG
崔恒勇　等著

出版发行：	知识产权出版社 有限责任公司	网　　址：	http://www.ipph.cn
电　　话：	010-82004826		http://www.laichushu.com
社　　址：	北京市海淀区气象路 50 号院	邮　　编：	100081
责编电话：	010-82000860 转 8598	责编邮箱：	laichushu@cnipr.com
发行电话：	010-82000860 转 8101	发行传真：	010-82000893
印　　刷：	北京中献拓方科技发展有限公司	经　　销：	新华书店、各大网上书店及相关专业书店
开　　本：	720mm×1000mm　1/16	印　　张：	9
版　　次：	2023 年 10 月第 1 版	印　　次：	2023 年 10 月第 1 次印刷
字　　数：	150 千字	定　　价：	68.00 元
ISBN 978-7-5130-8499-4			

出版权专有　侵权必究
如有印装质量问题，本社负责调换。

目 录
CONTENTS

互联网思维下全媒体出版的内涵 ………………………… 崔恒勇 / 001
全媒体出版平台的理想型建构 …………………………… 崔恒勇 / 010
全媒体出版的数字延伸结构探析 ………………………… 崔恒勇 / 020
全媒体出版的媒介矩阵建构研究 ………………………… 崔恒勇 / 029
全媒体出版品牌策略研究 ………………………………… 崔恒勇 / 038
全媒体出版的整合营销转向解析 ………………………… 崔恒勇 / 046
亚马逊模式对我国数字出版发展的启示 ………………… 崔恒勇 / 054
自媒体对出版品牌传播的影响研究 ……………… 崔恒勇 陈璐颖 / 064
试析数字出版平台与大数据结构 ………………… 崔恒勇 范钦儒 / 075
社群经济视域下移动阅读APP的出版转向研究 … 崔恒勇 王 哲 / 084
即时、伴生、交互、联动：终端侧智能出版创新 …… 崔恒勇 高正熙 / 092
融媒体视域下视频书的出版创新研究 …………………… 崔恒勇 / 102
图片素材网站中的版权价值优化研究 …………… 崔恒勇 王海晨 / 110
数字音乐专辑的版权转化研究 …………………… 崔恒勇 王 哲 / 118
秀场直播中的音乐侵权问题研究 ………………… 崔恒勇 程 雯 / 126
在线KTV的版权价值转化研究 …………………… 崔恒勇 左茜瑜 / 133

互联网思维下全媒体出版的内涵

崔恒勇

【摘　要】 在互联网与大数据等技术广泛应用的背景下，传统行业的经营理念和运营方式正受到巨大的冲击与颠覆，互联网的思维方式也在潜移默化中影响着我国的出版行业。综合分析出版业内外的全媒体发展态势，互联网思维下的全媒体出版正朝着以大数据应用为技术保障，以媒介矩阵为出版环境保障，以共享原则下模块化整合为出版平台保障，构建以用户为中心、以出版"内容＋服务"为核心竞争力的动态及时出版的方向发展。以互联网思维来重新解构全媒体出版的内涵，为其顺应时代发展注入新的活力。

【关键词】 互联网思维　新媒体时代　全媒体出版

引 言

对于处在互联网冲击下的传统行业来说,正如王石先生所说:"淘汰你的不是互联网,而是你不接受互联网,是你不把互联网当成工具跟你的行业结合起来。"对于出版行业而言,全媒体出版正是在互联网时代中出版业的自我救赎的模式探索。

一、互联网新媒体时代

(一) 互联网时代

回望互联网进入中国的这些年,其作为一种新的生态模式对人们的日常生活和行业发展产生了深远的影响。从腾讯的社交通讯媒体巨头到阿里巴巴的电商王国,从互联网媒介日新月异到互联网金融颠覆垄断,互联网正一次又一次地打破我们固有的思维方式和行业规则。然而互联网自身也从未停止变革的步伐,如果说传统互联网在链接世界每个角落的方面力不从心,那么紧随而来的移动互联网浪潮则使这一梦想变为现实。近年来,以谷歌和亚马逊为代表的大数据与云计算等技术的商业运用模式的日渐成熟,又一次将人们引入眼花缭乱的互联网与相关行业的变革之中。

如今我们正见证着互联网改变或颠覆各种传统行业的历史,首当其冲的就是传媒业。作为思想与文化等信息传播主体的传媒业,互联网推动其改变具有先天的优势。传统传媒业以其特有的文化导向与话语控制等功能形成了行业垄断。互联网与新媒体技术的发展,一方面使内容生产和传播更加便捷,不仅缩短了周期,而且也使传播广度和效果有了质的提高;另一方面网络新媒体的不断涌现,尤其是自媒体的出现满足了信息壁垒不断弱化的背景下大众对于自我表达与参与的需求。传统媒体的话语权日渐衰弱,大众需要多维度多层次地参与到文化与舆论的生产与传播过程当中去，人人都可成为文化的创作者和传播者，这是互联网时代所给予的新体验。

（二）互联网思维

进入 Web3.0 大互联网时代，移动互联网开启了基于物联网、大数据和云计算的新时代。互联网影响着我们生活的方方面面，而我们也正在学着用互联网的思维来看待这个世界。

对于传媒业而言，互联网思维的第一个核心就是以用户为中心，以用户参与和体验为导向，借助互联网、大数据等技术，通过媒体与用户互动沟通，挖掘和引导用户需求，为满足用户的相关需求而及时地生产相关产品，为用户提供更高效的服务；互联思维的第二个核心则是平台化战略模式，用户的个性化体验、多维度的需求满足，需要生产者、差异化媒体、消费者等通过互联网在一个数据与信息内容相通的平台中进行利益最大化的价值交换；互联思维的第三个核心是大数据思维，互联网时代使得互联网的数据入口更加立体化与动态化，大数据为基于目标群体的多维度数据搜集、内容的互动与生产、服务与营销整合的一体化运营模式提供数据支持；互联思维的第四个核心是跨界思维，在"得用户者得天下"的互联网时代中，用户多维体验成为跨界的主要依据，敢于自我颠覆、主动跨界成为保持领先竞争力的根本动因。

（三）互联网的新媒体时代

媒体的发展历经精英时代、大众时代到个体时代。在互联网日益深入影响人们生活方方面面的今天，以自媒体与垂直媒体为特点的新媒体逐渐成为当下主流。伴随着数字技术和互联网技术的不断发展，新媒体也在不断地自我颠覆与融合，从博客、bbs 到微博、微信，不断演进与功能融合的新媒体以其全天候、全覆盖、功能整合等典型特征来解放人们的感官需求、满足人们个性化的社交娱乐等本质需求提供支持。

如今，当媒体发展呈现去中心化、多元化趋势之时，业界也在思考如何为用户提供交互性更强、黏合度更高的个性化内容，从而更好地服务用户、扩大用户基数、提高媒介价值。新媒体营销以其体验性、沟通性、差异性、创新性等特征正逐步构建为全方位立体式营销；具有较强互动性、娱乐性与个性化呈现的内容营销也显示出了强劲态势；去中心化的 UGC（用户生成内容）不仅增强了用户参与度、满足感，同时也为新媒体自身提供了差异化内容，提升了新媒体的品牌价值。

二、全媒体出版的发展现状

在互联网进入我国的这些年，传统出版也经历着不断的变革和转型，从早期利用互联网建立网站做宣传到网络化出版、数字化出版、新媒体出版再到如今全媒体出版，出版业一直在自我变革，我国出版业对全媒体出版的转型和发展也在积极探索。

（一）全媒体出版的现状

谈到全媒体出版首当其冲地要从《非诚勿扰》案例说起，2008年12月19日，长江文艺出版社和中文在线将《非诚勿扰》以传统图书、互联网、手持阅读器、手机阅读等四种形式同步出版，这是国内的首次"全媒体出版"。

自《非诚勿扰》之后，全媒体出版以其多形态、多渠道的优势形成一股热潮，《贫民窟的百万富翁》《我的兄弟叫顺溜》《越狱》等多部作品采用全媒体出版的方式发行。其内容涉及电影、电视剧、励志类读物、网络文学等众多领域。

与之前的出版模式相比，我国全媒体出版在读者覆盖面、渠道多样性、出版同步性上具有明显优势，但是目前的全媒体出版还远未成形，全媒体出版主体也未真正形成。在当前的全媒体出版模式中，由于传统出版机构的业务模式的束缚，难以独自承担全媒体出版的整体运营，全媒体出版的现有主体也只是传统图书出版机构与数字运营商的简单组合。

（二）全媒体出版的界定

目前我国全媒体出版的界定主要有两类，一类是以前中国编辑学会会长桂晓风为代表的，以"全媒体出版作为一种有远大前途的新型出版方式和新的出版理念，就是对一种优秀作品，特别是预计能够成为畅销读物的作品，同时出版纸介质图书、网络版本、手机版本和手持阅读器版本，并在同一时间段投放市场，实行整合式营销"为界定的观点，强调同时出版、全媒体整合营销的特点。另一类则是以张勐萌在《对全媒体出版发展现状与前景的思考》一文中的界定观点，即"全媒体出版是以图书内容为基础，通过传统纸质图书、互联网、手持阅读器、手机、数字图书馆等多渠道进行图书同步发行，将资源有效整合，覆盖到能覆盖的所有用户，实现'一种内容、多种载体、复合出版'的目标"，强调广覆盖的复合出版。

（三）全媒体出版现有界定的局限性

从以上两类有代表性的定义中不难看出，目前的全媒体出版界定主要集中于：同一性的出版内容，多介质的呈现形式，以纸质媒体、互联网、手机、阅读器等多渠道的推送形式，全媒体的整合营销等方面。从已有研究成果来看，对全媒体出版的研究还停留在从传统出版主体的角度来看待全媒体出版，以传统出版的核心模式强调出版品的生产的多样性，在全媒体尤其是互联网新媒体中仍保持单向的渠道推送。而对于内容与出版品的价值关系、全媒体的价值定位、互联网时代的用户需求与消费方式等方面的问题没有摆在同等重要的位置上。

三、互联网思维下全媒体出版的内涵

互联网行业风生水起，"网络巨鳄"们不断的创新与颠覆不仅带给传统行业巨大冲击，同时也给传统行业从业者们带来了新的互联网思维方式。我们也将以新互联网的思考维度来诠释全媒体出版的时代内涵。

（一）以用户为中心

互联网给予信息传播的便利，最大程度地消减了信息流通的不对称，使得消费主体的买方市场真正到来。互联网思维带给全媒体出版业乃至整个传媒业最大的影响则是真正做到"用户至上"，以用户体验作为重要参照标准，全方位地落实双向平等互动，让用户参与到产品生产和品牌建设中去，满足用户的参与感和存在感。而非以往"高高在上"地单向推销产品。互联网时代新媒体的发展也使得全方位全时段和用户互动与沟通变为现实。互联网时代社会机器改造下的"单向度人"也将在网络中重新组合成具有新属性特征的部落，而媒体尤其是网络媒体则将成为连接部落成员的有效平台。以用户为中心，满足同类属性的用户群体多维化需求，提高用户的黏合度应作为全媒体出版模式的首要任务。

（二）以大数据为技术保障

大数据技术是新互联网时代的重要技术特征，也是改变现有商业模式的重要技术基础。从我国主要互联网公司的近期布局来看，大数据已然成为今后一段时间的主要增长市场。对于全媒体出版而言，打通平台内各个功能媒体间的通路，健全多维度数据入口，建立与之相适应的实时大数据搜集与分析系统，不仅能快速有效搜集用户反馈信息，精确研判用户需求趋势，而且为顶层设计、统一策划出版内容和设置相关配套服务提供精确的数据，同时也能为用户价值的深入挖掘与增值服务提供客观有效的数据支持。

（三）以媒体矩阵为环境保障

全媒体出版的优势不仅体现在多介质呈现出版品内容上，而且更应体现在全媒体出版平台所建立的满足同类属性的用户群体多维度需求的"拟态环境"建构上,多维度多功能的媒介所形成的媒体矩阵不仅满足了用户的娱乐、社交、自我展示等多方面需求,同时也为内容的传播提供了立体化多维度的媒体环境和数据入口。媒体矩阵在满足多介质呈现出版内容的同时也满足了 PRAC 法则(微博运营法则,其涵盖了四个核心板块,分别是 Platform 平台管理、Relationship 关系管理、Action 行为管理、Crisis 风险管理)要求,为全媒体出版的平台管理、关系管理、行为管理、风险管理等方面提供保障,在数字出版的大背景下,构建了多样化的自有渠道。全媒体出版的媒体矩阵一方面提升了与用户的互动效果,增强了用户参与感与体验感,加强了创作主体与用户的黏合度;另一方面为内容的生产、反馈与调整,品牌的建立与传播,持续精准的互动与营销提供了可靠有效的媒体环境。

(四) 以"内容+服务"为核心竞争力

在互联网时代的背景下,全媒体出版的首要任务是满足具有同类属性的用户群体的多维度信息体验需求。传统出版的核心竞争力是内容创作,而媒体,尤其是互联网新媒体的核心竞争力是具有互动与多感观的信息需求服务。在互联网思维下,全媒体出版应建立起围绕满足用户多维度信息体验需求的内容+服务的跨界核心竞争力,从产品功能上分为以出版核心竞争力为主的内容类媒体出版品(如音乐、游戏、多媒体互动读物等)和以媒体核心竞争力为主的服务类媒体出版品(如片刻网、优酷网、豆瓣等);内容的结构形式不仅涵盖传统内容出版品,也应包括碎片化内容和微出版品(如短视频)等满足碎片化阅读和用户社交互动等需求的信息内容,为多维化服务与营销提供主题一致的多元化信息,同时也有利于用户的二次创作与互动交流,提高与用户的黏合度。服务类出版品既是满足用户延伸需求的空间,也是多元化提升品牌价值的路径;服务本身就是营销,服务类媒体出版品肩负着全媒体出版建构自有渠道和用户价值深度开发的重任。

(五) 以共享为原则的模块化平台

在分享与参与成为互联网主题的今天，全媒体出版平台的建立与发展应该是满足用户多维化的需求体验形式而不断演变的过程。建立开放共享的扁平化的全媒体出版平台已然成为当今时代的期望。降低创作主体的准入门槛、提高内容的创作质量、完善用户的需求与体验方式、构建多方共赢的平台生态圈是我们建设以共享为原则的全媒体模块化平台的评判依据。现阶段，在出版业不断摸索的同时，创作者或者创作团队已经开始了媒体出版平台模块化整合的尝试。

(六) 动态及时出版

全媒体出版在内容呈现方式上表现为多种介质形式，但在出版内容的生产与营销中却呈现出动态及时性。选题与策划、内容的测试与调整、微出版品的深入互动、传统出版品的制作与发行都是在数据搜集与分析的全程动态化、内容生产与调试的全程动态化、互动与营销的全程动态化的基础上完成的；而内容的多介质出版策略也是在有效获得用户需求与预期的数据基础上有策略地及时出版的过程，而非固化单向的同时出版。

小 结

全媒体出版对于我们而言，还是一个不断摸索的过程。在互联网日益深入影响传统行业的今天，我们只有像互联网企业那样敢于不断地自我颠覆，紧随时代的发展趋势，以更具竞争力的思维方式来完成出版业的变革，适应时代需求，才能提升出版业的发展空间。

● **参考文献**

[1] 张志林. 全媒体出版的概念理解与前瞻 [J]. 今日印刷, 2010 (8): 2-5.

[2] 张雨晗. 全媒体出版：现状与未来 [J]. 现代出版, 2011 (2): 14-17.

[3] 李静丽谢雨. "全媒体出版"的发展状况及问题浅析 [J]. 新闻世界, 2011 (6): 223-224.

[4] 张勐萌. 对全媒体出版发展现状与前景的思考 [J]. 中国出版, 2010 (24): 14-16.

[5] 姜奇平. 什么是互联网思维 [J]. 互联网周刊, 2014 (17): 70-71.

[6] 杨辉. 基于PRAC原则的微博营销策略研究 [J]. 今传媒, 2013 (3): 62-63.

全媒体出版平台的理想型建构

崔恒勇

【摘　要】"理想型"一词来源于社会学家马克斯·韦伯的概念工具，以通过预测性、价值关联性对研究对象建构起相关联系与界限。本文结合亚马逊、苹果 App Store、百度数据、完美世界、微信、腾讯视频、"有妖气"等新媒体平台发展动态与大出版业务整合模式进行了互联网时代背景下的全媒体出版平台的理想型建构。围绕大出版业务延伸与融合的核心任务，从其纵向的生产与流通环节到横向的跨界延伸出版服务产品，系统地分析解构了全媒体出版平台的技术与功能融合特色，为全媒体出版提供了出版内容多样化、数据多维化、媒体矩阵化、产品跨界化、渠道自有化以及出版动态化的理想型出版平台，尝试探索出全媒体出版在新互联网时代下的平台结构与模式。

【关键词】全媒体出版　出版平台　理想型平台

引　言

随着互联网技术与数字技术的深入发展，传统行业不断地被冲击和颠覆，如何适应互联网时代的发展潮流，完成自我颠覆和救赎是摆在传统行业面前的首要问题。对于出版业而言，在媒介融合的大背景下，以互联网的优势特色来重新建构与之匹配的全媒体出版平台将是我们研究的重要方向。

一、全媒体出版平台发展现状

互联网技术与数字技术的广泛应用正逐步改变出版行业的结构，并衍生出了不同类型的数字出版平台。目前，按构建主体的不同，数字出版平台大致可以分为三大类型：内容提供商构建的数字出版平台、电信运营商构建的数字出版平台和技术提供商构建的数字出版平台。

（一）全媒体出版平台现状

全媒体出版是数字出版在互联网时代中与媒体深度融合的一种演变类型。自2008年以来新兴的全媒体出版是出版主体综合运用文字、图像、音频、视频等各种表现手段，通过不同媒介形态（纸媒、网络、手机、阅读器等）对同一作品进行同步发行的新型出版方式。然而全媒体出版及其平台结构等核心内容还尚未形成明晰的界定，目前仍涵盖在数字出版、跨媒体出版等出版平台之内，并没有一个完整统一的全媒体出版平台的界定。因此，在论述全媒体出版平台现状时，我们以现有全媒体出版的案例为基础，分析出版主体组合出版模式并将其概括为以下几类以出版主体为主的"全媒体出版"的平台。

1. 一家传统图书出版机构+一家数字运营商的出版平台

如《非诚勿扰》的全媒体出版是由长江文艺出版社和中文在线联手推出，《贫民窟的百万富翁》的全媒体出版是由作家出版社和中文在线联手推出，等等。

2. 数家传统图书出版机构+一家数字运营商的出版平台

在《我的兄弟叫顺溜》的全媒体出版中，由中文在线携手博集天卷图书公司和江苏文艺出版社共同承担出版任务。在这个案例中，其出版主体有三个，即中文在线、博集天卷图书公司、江苏文艺出版社。其中，传统图书出版机构有博集天卷图书公司、江苏文艺出版社两家。

3. 一家传统出版社+数家数字运营商的出版平台

2009年11月，中国轻工业出版社联合盛大文学、移动梦网、起点中文网，共同全媒体出版首部本土原创动物小说《义犬》。在这个案例中，中国轻工业出版社负责传统纸书出版，另外三家数字运营商（盛大文学、移动梦网、起点中文网）共同负责数字内容的营销。

在现有全媒体出版案例中，虽然以两个或两个以上的出版主体参与出版占绝大多数，只由一个出版主体出版的也不乏其例。例如2011年1月5日由人民邮电出版社创刊的《尚漫》杂志通过i尚漫网站、i尚漫无线平台，采用杂志、图书、网站、无线网络、客户端等手段，尝试中国原创动漫的全媒体出版，这是由人民邮电出版社独自尝试全媒体出版。

（二）目前全媒体出版平台存在的问题

全媒体出版平台的模式尚未成型，出版业在现阶段的探索中虽然取得了一些进展，但从互联网时代变革的大背景中来看，还有许多方面需要加以重视。

首先在出版生产方式方面，目前的全媒体出版更多地表现为数字出版的媒介化阶段，其创作生产过程还远未完全融入互联网技术与全媒体功能。现阶段对于全媒体出版的生产特点更多地局限于多种媒介展示形式与多样化的发行渠道上；数字媒体在互联网的助力下，表现出强大的互动与传播效果，而现有的全媒体出版模式还没有将全媒体的特点完全融入出版活动中去，对于媒介整合、媒介环境等全媒体的核心问题还没有表现出足够的重视；对于以用户为中心的理解也远未达到互联网行业的敏感程度，在提高用户黏合度的路径选择和用户群体的价值挖掘等方面还没有体现在全媒体出版平台的架构上；当前的全媒体出版的平台整合更多还局限于出版传统的核心业务拓展上，但在互联网时代中如何发挥全媒体与出版整合效应，拓展出版平台的整体价值才应是我们在全媒体出版平台的建构中所要考虑的重要问题。

二、全媒体出版平台的"理想型"结构

全媒体出版是自2008年以来涌现出来的新兴出版模式，其理论与实践都在探索当中，因此有关全媒体出版及其平台的相关概念还尚未形成明确的界定，结合亚马逊、360应用与小说网站、腾讯大家频道与微信的出版服务的综合功能，在数字出版平台定义的基础上本文对全媒体出版平台的定义做一个理想型界定。在本文的界定中，全媒体出版平台是在互联网与媒介融合背景下，以用户需求为中心，以"大数据"技术为支撑，以媒介矩阵为媒介环境保障，以碎片化、微出版品、常规出版品等为内容结构，文字、图形、图像、动画、音频、视频等多介质为内容形式；以满足出版消费及周边延展活动为媒体出版服务宗旨的动态及时的出版平台。

"理想型"一词来源于社会学家马克斯·韦伯的概念工具，以通过预测性、价值关联性对研究对象建构起相关联系与界限。全媒体出版平台是在"互联网连接一切"的时代背景下提出的，当然也会像入口模块一样与

互联网的其他服务相连接。对于全媒体出版平台自身而言,其核心是为满足用户多维需求的出版消费及周边延展活动而提供相应的服务产品。

全媒体出版平台的结构主要分为:数据入口、角色媒体、内容创作、内容类媒体出版品、服务类媒体出版品等。

(一) 数据入口

全媒体出版平台是以"大数据"为技术支撑,搜集与整理用户群体的细分数据,对于创作和运营主体来说都是至关重要的。媒介即人的延伸,同样也是跨时空连接创作主体和目标受众的接触点,更是数据入口。数据不仅局限于出版产品本身,而更多的是围绕用户群体全方位、多维度地获取用户相关数据,这些数据不仅服务于出版主体的运营活动,更服务于用户在全媒体出版平台中的体验与参与度,为拓展跨行业合作和全媒体出版平台的品牌价值提供更多数据支持。作为全媒体出版活动的起点,全方位的数据入口从话题设置、出版品的互动参与、内容形式的调整与发行策略、用户的体验与二次创作等诸多方面为获取和分析用户的全方位数据、制定更为精准的出版策划提供保障。数据入口贯穿全媒体出版生产与流通的各个环节。

(二) 角色媒体

在去中心化的新媒体发展大潮中,自媒体以其平民化、个性化、低门槛等特点被大众追捧。本文中为区别于全媒体出版平台构建的其他自有媒体,引入了角色媒体概念,以具有社会人的角色属性的自媒体来界定角色媒体。在全媒体出版平台中包含了以下三类角色媒体。

1. 作为创作主体的角色媒体

作为创作主体与受众接触和互动的首要媒介接触点,角色媒体可以有策略、多方位地展示媒介环境中的创作主体的角色特点,构建对受众的典型印象。不仅能够拉近与受众的距离,增加信任感;同时也为提供增值服务、设置数据入口、拓宽营销渠道发挥作用。微信公众账号"罗辑思维"便是典型代表。在此需要强调的是,具有同类创作主体属性的众多角色媒体的互动将会对受众和全媒体出版生产和流通产生明显的叠加效应。

2. 作为受众的角色媒体

在互联网连接一切的时代里,跨地区、跨时间的交流与消费需要受众通过媒体入口与网络相连。在全媒体出版平台中,内容信息的流通与再创作、平台中受众与创作主体的互动、受众的社交娱乐等活动都需要受众以角色媒体来参与到线上线下互动和消费等活动中。

3. 游离在生产环节外的角色媒体

话题的关注度、舆论的可信度、受众的参与度等问题需要所谓的"公正、客观"的权威角色来给予评判和指引,游离在生产环节外的角色媒体便应运而生。在全媒体出版平台中游离在生产环节外的角色媒体包含了权威专家和知名人士两类角色媒体。

(三) 内容创作

理想型全媒体出版平台中的内容创作是站在以"内容+服务"满足用户多维度需求的层面上的创作,而非单一的出版产品的创作。从创作内容的结构上看,可分为碎片化内容、微出版内容、常规出版内容;从创作内容的介质形式上看,可分为文字、图形、图像、动画、音频、视频等。相比较以往的出版模式,全媒体出版平台更加注重提供满足用户体验与互动的全方位出版服务,而非仅仅局限于闭门生产内容本身。

(四) 内容类媒体出版品

内容类媒体出版品以多介质形式呈现出版品,涵盖了微出版品和常规出版品两种类别。从传播方式上来看以单向推送形式为主，在满足用户出版消费的同时，其媒介界面入口也为全媒体出版平台提供了广告投放界面和数据入口等功能，为设置数据入口和全媒体出版平台价值的提升拓展了空间。

（五）服务类媒体出版品

在互联网思维广泛引发热议的今天，企业的经营模式也由经营产品向经营用户转移。如何将用户通过平台聚合起来产生更加旺盛的消费能力，如何满足用户的归属感、存在感和参与感，让用户参与到出版品的创作和流通中去，参与到平台的品牌传播中去，在出版品消费活动之外融合长尾经济和粉丝经济是服务类媒体出版品的首要任务。

服务类媒体出版品主要围绕着出版活动周边的用户需求提供服务。从用户需求角度可以分为娱乐休闲类、社会交往类、展示交流类等。也可依据用户群体的属性细分服务类别，以已婚女性群体为例，可以围绕家居装饰、厨艺交流、时尚购物、自我修养、家庭情感等维度来设置服务类媒体出版品的类别，其宗旨就是为用户群体提供更好的体验与互动服务，在提高用户黏合度的同时，拓宽平台的盈利方式和品牌价值（见图1）。

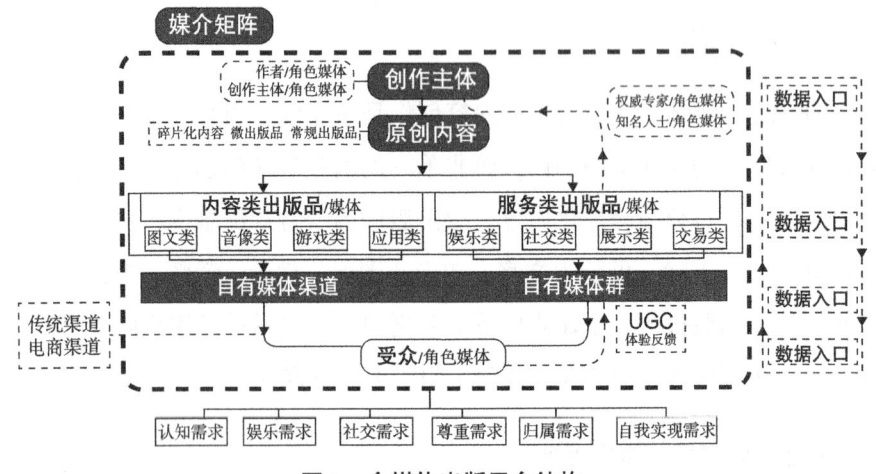

图1　全媒体出版平台结构

三、全媒体出版平台的结构优势

(一) 内容多样化

全媒体出版的内容创作是在用户的出版消费与周边需求活动的基础上,以实时动态的数据技术为支撑的统筹策划与生产方式,按介质形式可分为文字、图形、图像、动画、音频、视频等;按内容结构可分为碎片化内容、微出版品、常规出版品等三种主要形式。满足用户在阅读、社交、娱乐等多层次需求,创作主体在数据分析与媒介互动等支持下,针对用户群体的接受特性、全媒体出版品的不同功能特点等因素统筹生产同主题的多样化内容,满足用户消费、参与、互动体验、再创作等多种需要。

(二) 数据多维化

依据互联网时代特征所建构的全媒体出版平台,最大的特点就是落实以用户为中心、为创作主体和用户需求建立优化的互动与出版平台。数据技术与云计算的运用是全媒体出版平台得以良性运营的数据保障。全媒体出版平台中与用户的全媒体接触,为多维化的数据入口提供支撑,能够实时搜集用户在出版消费及周边需求活动中的动态特征,不仅为创作主体的整体统筹策划与内容生产提供实时的数据分析,而且也为制定与用户互动、满足多样化体验策略提供依据。

(三) 媒体矩阵化

在媒体发展进程中,去中心化的自媒体和垂直媒体的崛起,为全媒体出版平台建立一个可控的媒介环境提供了契机。在满足用户多样化需求的基础上,依据PRAC法则,建构平台管理、关系管理、行为管理和风险管理的媒介矩阵,其基本特点首先是多种角色媒体、内容类媒体、服务类媒体等多维度布点;其次是针对用户需求和体验的多样化,不同功能媒介彼此分工合作；最后是媒介矩阵的议程设置依据出版策划的目标和进度，统筹管理形成共振效应。

（四）产品跨界化

全媒体出版平台的建构是以满足用户需求为中心理念的适应互联网时代发展特性的出版平台。其主要任务是提供满足当今用户需求的"产品+服务"的生产活动，不仅提供传统出版界定的出版品，而且借助出版内容生产优势的基础，衍生相关的内容服务体系即本次建构的全媒体出版平台中的"服务类媒体出版品"，满足用户的出版消费及周边活动的相关需求，不仅能够提高用户的体验感和黏合度，更能够以出版内容为核心竞争力延伸全媒体出版产品链，拓展全媒体出版平台的盈利模式，提升出版品牌价值。

（五）渠道自有化

出版业现有的渠道主要有传统渠道和电商渠道两大类。在"罗辑思维"案例中，我们不难发现新兴媒体对渠道的作用日渐明显。在全媒体出版平台的建构中，角色媒体、服务类出版品大多具有的营销与渠道的作用的累加使得平台具有强大多样的垂直渠道路径，将会为全媒体出版平台的渠道自有化建设提供有力支持，同时也降低了渠道成本，提高了全媒体出版平台竞争力。

（六）出版动态化

互联网与新媒体的迅猛发展加快了信息生产与流通的速度。全媒体出版平台从与用户的互动及用户的反馈到出版选题策划、内容的创作与测试、微出版品的深入互动与推广、完整出版物的制作与发行等各个环节都是在与用户的互动和数据的搜集与分析中进行的动态化出版过程。

小　结

面对当前的互联网不断渗透传统行业的大背景,"理想型"全媒体出版平台不仅丰富了传统出版物的内容和形式,改变了传统出版物的生产方式和消费理念,也颠覆了传统图书出版产业的业务模式、业务流程和产业特性,进而对出版产业的组织结构产生颠覆性的启发与影响。

● 参考文献

[1] 张志勇. 全媒体战略中资源融合的路径——证券时报跨媒体平台运作的尝试 [J]. 新闻战线, 2012 (3): 19.

[2] 刘社瑞, 程继忠. 数字出版平台多维价值探析 [J]. 湖南社会科学, 2013 (2): 260-263.

[3] 靳徐进, 石磊. 全媒体出版——出版业的方向和趋势 [J]. 东南传播, 2009 (12): 24-26.

[4] 陈倩倩. 全媒体视角下出版企业价值链的优化研究 [D]. 武汉:华中科技大学, 2013: 16-35.

[5] 邬芳. 浅谈全媒体运营的内容集成分发云平台 [J]. 视听界, 2012 (8): 42-44.

全媒体出版的数字延伸结构探析

崔恒勇

【摘　要】 互联网与数字技术的广泛应用,不仅改变了消费者的出版消费方式,而且也影响了全媒体出版的出版业务链的结构形态。在大出版观理念的引领下,出版业内外发生了两种改变:一是出版的跨媒体延伸,二是媒体的出版业务延伸。在互联网时代媒介融合与产业融合不断加剧的背景下,围绕以用户需求与体验为中心,充分体现创作主体价值、深入挖掘用户与数据价值,借鉴互联网企业的平台整合经验,为探索出全媒体出版的数字服务业务链的延伸模式提供新的思路。

【关键词】 全媒体出版　数字延伸　出版业务

引　言

面对互联网行业的不断冲击与颠覆，传统出版业也力求在不断地自我变革中华丽地转身。相比互联网企业的自觉变革与主动布局，出版业的改革步伐略显拘谨。从阿里巴巴入股新浪微博、收购UC、虾米网，百度收购爱奇艺、百度金融进军电影产业，腾讯进行游戏布局、抢占手机阅读市场等案例中不难发现，包括视频媒体、社交媒体、音乐媒体、游戏媒体、阅读媒体等，围绕着满足用户群体全方位出版消费需求的全媒体出版数字业务产业链已初现端倪。出版产业的全媒体数字延伸之路在互联网行业的外力冲击下势在必行。

一、全媒体出版的内涵

对于"全媒体出版"内涵的解释目前主要有两类，一类是以中国编辑学会会长桂晓风为代表的，以"全媒体出版作为一种有远大前途的新型出版方式和新的出版理念，就是对一种优秀作品，特别是预计能够成为畅销读物的作品，同时出版介质图书、网络版本、手机版本和手持阅读器版本，并在同一时间段投放市场，实行整合式营销"为界定的观点，强调同时出版、全媒体整合营销的特点。另一类则是以张勐萌在《对全媒体出版发展现状与前景的思考》一文中的界定观点，即"全媒体出版是以图书内容为基础，通过传统纸质图书、互联网、手持阅读器、手机、数字图书馆等多渠道进行图书同步发行，将资源有效整合，覆盖到能覆盖的所有用户，实现'一种内容、多种载体、复合出版'的目标"，强调广覆盖的复合出版。

以上两类有代表性的定义不难看出全媒体出版现有界定的局限性。而从腾讯、阿里巴巴、盛大、苹果、亚马逊等网络巨头针对出版业务的布局与经营模式来看，全媒体出版更多地融入了互联网思维的理念。互联网的创新与发展使得媒体行业尤其是新媒体在内容生产、媒体功能、传播方式、用户体验、传播效果、价值实现等方面取得了巨大的成功，同时也为我们重新审视全媒体出版中媒体与出版的地位与关系、全媒体出版的内涵等问题提供了思路。全媒体出版应是一种以满足用户需求与体验为中心，依托大数据技术充分挖掘市场与用户群体价值，以全媒体出版的媒体矩阵为创作、生产和营销提供媒介环境保障，以内容＋服务为核心竞争力，以特色化模块功能整合的出版平台为依托的动态及时出版模式。全媒体出版应客观认识自身在互联网时代背景中的优势和目标，以用户为中心，深入挖掘用户群体价值和全媒体出版平台的功能整合，广泛地拓展出版生产与服务的数字延伸路径。

二、全媒体出版的数字延伸现状

进入移动互联网时代后，新媒体的快速发展极大地削弱了传统媒体的强势地位，降低了媒体行业的准入门槛。媒介形式与功能的多样化与人性化不仅增强了用户体验，也给出版业的媒介融合与数字延伸提供了必要条件。面对出版业与媒体业在各自发展中所遇到的困境，全媒体出版在跨界融合的大出版观理念下已有了数字延伸与整合的阶段性进展。

我国出版业在数字媒体化的进程中，还处于数字延伸的初级阶段，大多以自身的核心业务与优势资源为前提，进行单向的数字媒体化的横向融合，或者通过合作将同一内容进行多媒介渠道的纵向融合。现阶段我国全媒体出版的数字延伸主要表现为以下两种特征。

（一）出版的跨媒体延伸

在数字技术与互联网技术的早期影响下，传统出版业开始了网络化与媒体化的转型之路。自 2008 年《非诚勿扰》开启了全媒体出版模式的探索之路以来，以音乐、游戏、图书、视频等为代表的各类出版物开始了跨媒体延伸的各类尝试。如完美世界公司的游戏产品《笑傲江湖》及热播的电视剧《古剑奇谭》等都是跨媒介延伸出版的典型案例。随着媒介融合的深入，新媒体的多样化发展，出版业从创作主体、出版机构、发行渠道等方面也开始了媒体化的尝试。以创作主体为例，近期最有代表性的罗振宇的微信公众号"罗辑思维"、易信的公众号平台等，不仅汇聚了数量众多的有效目标受众，而且在内容的创作、出版品的渠道营销等方面都发挥了积极巨大的作用。

（二）媒体的出版业务延伸

互联网的蓬勃发展使得媒体行业在规模上取得了迅速的增长，但由于其分享与开放的行业特色使得其对用户群体的基数规模和黏合度更为关注。而媒体行业的内容同质化严重、缺乏出版品牌核心竞争力、版权管理与利润分配不明晰等问题严重地影响着媒体行业健康有序的发展，新兴媒体行业井喷式增长与倒闭的现象不断涌现。近几年，我国对于版权的管理日益严格与规范，众多互联网媒体如百度文库、新浪读书频道等也重新调整与规范自身的出版业务，从经营策略上不断深入融合出版业务以提高自身的核心竞争力，如腾讯重金打造的文学频道、搜狐视频的自制内容等，媒体行业以自己汇聚用户群体的强大能力深入延伸到出版业务之中。

三、全媒体出版的数字延伸结构解析

（一）全媒体出版的数字延伸结构

目前，在出版业内外不断涌现出多种类型的全媒体出版品，从不同维度满足用户群体在出版消费及延伸服务方面的需求（见图1）。这些全媒体出版品主要分为内容类出版品和服务类出版品两大类，内容类出版品主要包括大出版观念中跨界融合的多媒体类型的内容产品，包括多媒体形式的报刊、读本、游戏、音乐、视频及复合感观与交互类内容应用出版品，如《ONE·一个》、有声读物、微视频等；服务类出版品主要包括认知服务类出版品、社交服务类出版品、分享展示类出版品、交易服务类出版品、娱乐服务类出版品，如优酷、有妖气、视觉中国等。

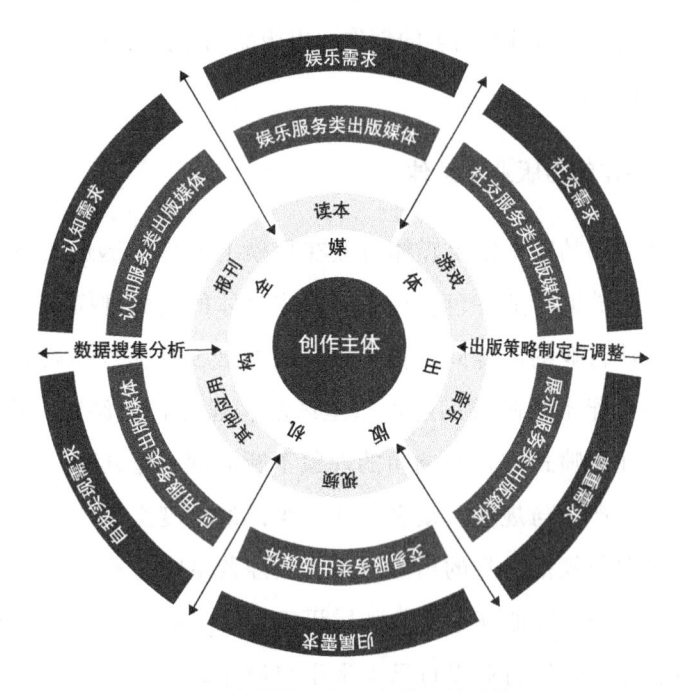

图 1　全媒体出版平台的延伸结构

在三网融合与媒介融合进程不断深入的背景下，大出版的内涵与外延不断地拓展与整合。持续的技术融合和理念融合不断地衍生出多样化的出版模式。全媒体出版正是在大出版融合进程出现的一种形式，其出版业务结构还处于数字延伸的成长阶段，就目前出版业内外的典型案例综合分析来看，全媒体出版的数字延伸结构具有以下几个特点。

1. 模块化整合的全媒体出版平台

全媒体出版平台的构建与整合是以满足用户群体出版消费的多维需求为目标，针对不同类型的群体需求和接受喜好，模块化整合全媒体出版平台，最大化将其核心的出版内容进行数字延伸。对于消费者而言，模块化整合的全媒体出版平台的数字延伸链可以全方位提高用户黏合度和消费意愿，满足网络部落化的群体需求；对于出版平台而言，多维化的出版生产与服务模式，丰富了出版品牌实现路径，扩大了出版业务规模。

2. 创作主体的核心地位

从互联网行业的发展来看，开放与共享是平台发展的本质特征。在开放的全媒体出版模式中，创作内容是全媒体多维度出版的核心竞争力。依据用户群体的消费特征，建设以创作主体为核心的出版品牌，不仅能够拓展全媒体出版的数字延伸广度，同时能够提高用户的忠诚度。创作主体的品牌建设是全媒体出版的数字延伸的驱动力之一。

3. 全媒体内容出版品的数字延伸

传统出版的消费规模受其消费形式的局限，而在用户消费与体验需求不断提高的今天，内容出版品也需要不断地丰富展示形式和内容结构，来增强出版品的消费感观和互动性。从创作内容的结构上看，可分为碎片化内容、微出版内容、常规出版内容；从创作内容的介质形式上看，可分为文字、图形、图像、动画、音频、视频等。相比较以往的出版模式，全媒体出版平台更加注重提供满足用户体验与互动的出版服务。

4. 完善的出版服务延伸

全媒体出版不仅在内容类出版品间进行横向的数字延伸，同时在用户群体与创作主体间进行纵向的数字延伸。以满足用户群体的出版消费需求与以体验为主要目标的全媒体出版的数字延伸,建构完善的出版服务延伸体系,满足用户的归属感、存在感和参与感,让用户参与到出版品的创作和流通中去,参与到全媒体出版的多维品牌传播中去,在出版品消费活动之外融合长尾经济和粉丝经济,提升出版服务品的媒介价值。

(二)全媒体出版的数字延伸价值

1. 深入挖掘用户群体价值

随着互联网技术与互联网思维对出版行业日益深入的影响,出版从业者越来越重视用户群体的价值挖掘。相比较以往单向度地将出版品推销给消费者,全媒体出版平台在数字延伸过程中更加重视用户群体的多维度价值的挖掘,如用户群体的基数规模对全媒体出版的媒介价值、营销价值、出版品的消费价值、线下消费与跨界合作的价值等。用户的媒介接触点多维化,不仅能够全方位获得用户群体的多维数据,实现用户价值提升,同时可以有效拓展与用户的互动维度、提升用户的体验与黏合度。

2. 扩大出版业务规模

对于传统出版而言,出版业务的规模尤其是单个出版品的平均利润值较低。在泛娱乐化的媒介时代,不论是人还是作品,用户接触度越高、忠诚度越高,其市场价值就越大。全媒体出版平台的数字延伸不仅可以满足用户对于创作主体、内容类出版品、服务类出版品等多维度的出版消费需求,同时通过多样化的出版媒介提升用户群体的消费预期,增强出版业务的附加值和整体规模。

3. 拓展出版发行的渠道

对于数字化网络化的媒体而言,媒体就是渠道。相比较全媒体出版之前的出版模式,其渠道主要为线下的传统渠道和线上的电商渠道,渠道成本相对较高。全媒体出版的数字延伸也是一个自有渠道建构的过程。自有渠道的建构不仅可以利用全媒体出版平台自身的用户需求数据，个性化、自主化地细化自有渠道结构，而且可以配合有效的营销互动策略，提升出版服务的消费规模，缩短资金回流周期。

4. 提升出版品牌的整体价值

全媒体出版平台的数字延伸围绕着满足用户多维度需求构建创作主体品牌、内容类出版品牌、服务类出版品牌。全媒体出版平台的数字延伸为创作主体提供了全方位的用户群体数据信息、打破了内容多样化的媒介壁垒，为用户群体和创作主体间搭建了完善的出版服务生态圈，为出版品牌的多维度建构与价值提升提供坚实的基础。

小 结

全媒体出版的数字延伸是在出版行业与媒体行业有效融合的基础上，以模块化整合的全媒体出版平台为支撑，为满足目标用户群体出版消费的多维需求的多维度出版生产与服务业务的延伸模式。客观全面地理解时代背景下消费群体的出版消费需求与体验方式、充分应用数字技术与媒体形态，为全媒体出版的数字延伸积极探索出不断演进的结构形式，是拓展出版产业发展空间的必由之路。

● 参考文献

[1] 张雨晗. 全媒体出版：现状与未来 [J]. 现代出版，2011（2）：14-17.

[2] 张勐萌. 对全媒体出版发展现状与前景的思考 [J]. 中国出版，2010（24）：14-16.

[3] 陈功. 数字出版产品整合营销模式研究 [J]. 中国出版，2011（11）：41-43.

［4］秦崭崭.我国全媒体出版的传播学解析及发展初探［D］.南宁：广西民族大学文学院，2010：17-19.

［5］陈倩倩.全媒体视角下出版企业价值链的优化研究［D］.武汉：华中科技大学，2013：16-35.

全媒体出版的媒介矩阵建构研究

崔恒勇

【摘　要】 随着互联网技术与数字技术的发展，媒介的形式与功能发生了巨大的演变。媒介内容、渠道与功能等层面的融合，使得人们开始重新审视全媒体出版的发展方向。全媒体出版使生产创作与推广发行等所有流程环节中出版模式与媒介功能形态不断深入融合，围绕着出版活动及延展服务消费需求构建媒介矩阵，不仅增强了用户体验、提高了用户群体基数和黏合度，而且能够全面地提升出版活动的效果和出版品牌的整体价值。

【关键词】 媒介融合　全媒体出版　媒介矩阵　出版品牌

引　言

进入移动互联网时代后，传统强势媒介的垄断壁垒不断被削弱。媒介形式与功能的日渐丰富与融合不仅给受众带来了更多人性化的用户体验，而且给出版业也注入了新的活力。

一、媒介融合下的全媒体出版

随着互联网技术与数字技术的不断发展，"媒介融合"也由学界术语慢慢地渗透到人们的日常生活当中，并对传统媒体行业产生翻天覆地的影响与颠覆。"媒介融合"（Media Convergence）这一概念最早由美国马萨诸塞州理工大学的浦尔教授提出，其本意是指各种媒介呈现出多功能一体化的趋势，在媒介融合的过程中，各种媒介打破壁垒以合作的方式共同传播。进入移动互联网时代，三网融合的不断深入、新媒体的衍生层出不穷，融合媒介在原有融合特性的基础上融入了互动性、即时性、可逆性等新媒介的特性。

媒介融合在数字技术、网络技术和电子通信技术的融合推动下，在社会需求和产业组织的利益驱动下，通过合作、并购等形式实现不同媒介的内容融合、传播渠道融合和媒介终端融合。从阿里巴巴并购 UC、收购中国万网、注资新浪微博、腾讯收购科菱航睿、联手京东等动态，不难看出在社会需求和产业优化的驱动下媒介融合的演变进程。

在互联网大发展与媒介融合的时代背景下，出版业也在不断地融入时代变革的浪潮中。传统出版在各种新媒介不断涌现并空前繁荣的冲击下正经历着艰难的转型，以《琅琊榜》为代表的以网络小说、网络游戏、视听音像等尝试开启了数字时代下全媒体出版模式的探索。就已有的全媒体出版研究现状来看，目前的全媒体出版仍然拘泥于传统出版形式的外延模式探索上，如现有全媒体出版定义强调的复合出版和跨媒体同步出版等。

进入移动互联网时代，媒介的深度融合使得媒介间的壁垒不断消减；同时互联网也在潜移默化地改变着人们生活消费与交往方式；信息时代，社会对出版的需求也在发生着巨大的变化。全媒体出版的内涵应在媒体属性与出版属性对等融合的基础上来重新审视。

媒介矩阵不仅是互联网与媒介大发展的必然产物,更是全媒体出版的重要特色。在互联网时代中,围绕着出版核心活动及用户群体延展的周边服务需求建构媒介矩阵不仅能够积极营造有利的媒介环境,满足用户多维度的消费需求,而且能够优化出版效果,取得长尾效应,提升出版品牌的整体价值。

二、全媒体出版媒介矩阵的建构

(一)全媒体出版的媒介分类

按照用户的多维度需求与出版服务的流程与环节,可将全媒体出版媒介矩阵中的媒介类型分为以下三种。

1. 角色媒体

在去中心化的新媒体发展大潮中,自媒体以其平民化、个性化、低门槛等特点而被大众追捧。为区别于全媒体出版平台构建的其他自有媒体,引入角色媒体概念,以具有社会人的角色属性的个人媒体来界定角色媒体。在全媒体出版平台中包含了以下三类角色媒体。

(1)作为创作主体的角色媒体。

作为创作主体与受众接触和互动的首要媒介接触点,角色媒体可以有策略多方位地展示媒介环境中的创作主体的角色特点,构建对受众的典型印象,不仅能够拉近与受众的距离,增加信任感;同时也为提供增值服务、设置数据入口、拓宽营销渠道发挥作用。微信公众号"罗辑思维"便是典型代表。在此需要强调的是,具有同类创作主体属性的众多角色媒体的互动将会对受众和全媒体出版生产和流通产生明显的叠加效应。

(2)作为受众的角色媒体。

在互联网连接一切的时代里,跨地区、跨时间的交流与消费需要受众通过媒体入口与网络相连。在全媒体出版平台中，内容信息的流通与再创作、平台中受众与创作主体的互动、受众的社交娱乐等活动都需要受众以角色媒体来参与到线上线下互动和消费等活动中。

（3）生产环节外的传播角色媒体。

话题的关注度、舆论的可信度、受众的参与度等问题需要所谓的"公正、客观"的权威角色来给予评判和指引，生产环节外的传播角色媒体便应运而生。在全媒体出版平台中游离在生产环节外的传播角色媒体包含了权威专家和知名人士两类角色媒体。

2. 内容类媒体

内容类媒体出版品以多介质形式呈现出版品，涵盖了微出版品和常规出版品两种类别。从传播方式上来看以单向推送形式为主，在满足用户出版消费的同时，也为全媒体出版平台提供了广告投放界面和数据入口等功能，为设置数据入口和全媒体出版平台价值拓展了空间。

3. 服务类媒体

在互联网思维热议的今天，企业的经营模式也由经营产品向经营用户转移。如何将用户通过平台聚合起来产生更加旺盛的消费能力，如何满足用户的归属感、存在感和参与感，让用户参与到出版品的创作和流通中去，参与到平台的品牌传播中去，在出版品消费活动之外融合长尾经济和粉丝经济是服务类媒体的首要任务。

服务类媒体主要围绕着出版活动周边的用户需求提供服务。从用户需求角度可以分为娱乐休闲类、社会交往类、展示交流类等。也可依据用户群体的属性细分服务类别，以已婚女性群体为例，可以围绕家居装饰、厨艺交流、时尚购物、自我修养、家庭情感等维度来设置服务类媒体出版品的类别，其宗旨就是为用户群体提供更好的体验与互动服务，在提高用户黏合度的同时，拓宽平台的盈利方式和品牌价值。

（二）全媒体出版的媒介矩阵结构

随着互联网技术与应用不断深入地融入大众的日常生活，网络的部落化将会到来。大众将在网络世界中被分解为不同维度的部落群体，具有特定的网络群体特征，如根据爱好、兴趣、需求等分为不同的群体。全媒体出版的媒介矩阵围绕着以满足用户多维度需求为中心，以角色化媒体建构网络社交与归属的虚拟的社会化角色，以多样化媒体形式丰富用户在内容类出版品消费中的体验与互动，以媒体的多功能整合为出版活动提供周边延展服务平台，不仅为用户群体提供满足多维需求的跨时空的整合平台，而且将出版与媒体的优势整合，拓展了出版品牌的整体价值。媒介矩阵的建构不仅能有效持续地聚集用户群体，同时为内容的生产创作、用户群体价值的延展、各类媒介出版品牌的建设、营销与推广的高效提供积极主动的媒介环境。

三、全媒体出版媒介矩阵的作用

（一）多维度出版服务需求

互联网技术与通信技术的迅猛发展不仅使得媒体市场繁荣起来，同时也在改变着现实社会的虚拟分层。大众对网络的依赖越来越重的同时，社会群体在网络部落化的步伐正在加快。全媒体出版的媒介矩阵在互联网浪潮的牵引下也将由传统全媒体出版界定的媒体承载形式功能和营销功能转变为以用户为中心满足群体的包括用户群体的认知需求、娱乐需求、社交需求、群体归属需求、自我实现需求等在内的多维需求的跨界服务。基于互联网思维中的流量思维，媒介矩阵的形成不仅使得信息内容的形式多样，也满足了话题选择、互动方式、产品形式、用户创作等多样化功能需求。

(二) 全方位数据搜集与分析

大数据技术的来势汹汹不仅影响了互联网行业的整体格局，同时也迅速蔓延到传统行业之中。国内的互联网巨头早已开始了大数据布局，并且已将触角伸向了文化创意产业（包括传统意义上的出版与影视等行业）。

在当前互联网与媒体发展环境下，入口之争是最重要的竞争手段。媒介矩阵可以提供目标群体从购买力、群体喜好、参与习惯、互动形式等多维度海量数据搜集，为准确决策提供可靠依据。媒介矩阵在主动聚合受众的同时也是对受众数据解析的过程，实时的动态数据模型可以全方位获得目标受众相关数据，为创作主体的选题内容与表现形式、平台的产品生产与服务方式、关系管理等全媒体出版生产运营与风险管控提供及时有效数据支持。从热播美剧《纸牌屋》到韩流席卷的《来自星星的你》均被公认为得益于海量用户数据累计和分析的典型案例。

(三) 积极主动的媒介环境

附加价值的产生源于在某一系统中消费者的认同及对权威的服从。在跨时空连接世界的互联网时代中，人们对外部世界的了解更多的是通过媒介信息的获取来实现。媒介营造的拟态环境成为大众对客观世界认知及影响群体价值观取向的主要途径。

全媒体出版的媒介矩阵围绕具有特定出版消费及延伸需求特征的群体建构，从创作主体的角度来看，积极的媒介环境可以主动建立有利的刻板印象，构建有价值的明星印象与权威地位，提升创作主体的议价能力；从创作生产的角度来看，积极的媒介环境可以进行选题的测试与决策，在全媒体出版模式中，创作生产并非刻板的阶段性任务，而是适时动态的持续过程；从营销推广的角度来看，积极的媒介环境可以为用户提供积极主动的关系管理与人性化服务，提高用户群体覆盖率和黏合度，全面提升出版主体的议价能力；从危机管控的角度来看，积极的媒介环境可以为出版平台各环节提供危机预警、危机决策、危机处理等危机管控功能。

（四）用户培养与互动

用户的培养是一个潜移默化的过程，全媒体出版的媒介矩阵通过提供"象征性现实"对群体认知客观世界，形成共识性价值取向发挥着巨大的作用。用户的培养不是一两拨积极营销就能成形的短期过程，而是一个长期的渐进的影响过程。在自媒体和社交媒体盛行的当下，用户对于群体内互动与自我实现的需求也更为积极。全媒体出版媒介矩阵的建构不仅能够满足用户在认知需求、娱乐需求、归属需求等方面的需求，提高用户参与度，而且能够更好地、多维度多层次地提供与用户的互动方式与内容，提高用户体验感和用户黏合度。

（五）出版效果优化

全媒体出版的媒介矩阵不仅为用户参与全程的出版活动提供路径，而且为出版生产与营销提供了连续动态的数据模型。在全媒体出版的媒介矩阵中，出版主体与用户并非单纯的买与卖关系，出版生产的内容与定位既来自媒介入口所搜集分析的数据支持，同时又来自于用户群体的关注与创作，从而使得出版内容定位与生产准确有效地满足用户群体的喜好。全媒体出版的媒介矩阵的建构与运营的过程同时也是有效用户群体聚合的过程，用户群体具有明显的出版消费特征，其参与出版活动及延展服务的积极性更强，对于相关话题动态的关注度更高，消费意愿更强烈。媒介矩阵在对用户群体进行广泛有效的覆盖，满足群体消费需求与体验的同时可以对出版生产与营销等过程进行风险管理从而使得出版效果更加优化。

（六）自有渠道的形成

目前出版行业的营销渠道主要包括传统线下渠道和电商渠道，而随着电商模式与新媒体技术的不断成熟完善，尤其是 B2C、社交平台、App、网络支付等模式的成熟，为全媒体出版的自有渠道的建构提供了有效且成熟的技术与模式保障。

与传统行业的生产与营销模式不同，出版行业本质上是将信息产品通过媒介传播给消费者。而媒介矩阵的形成丰富了出版产品与服务的维度、聚合了目标受众，为用户群体提供了个性化精准化的消费渠道，与出版主体之外的传统渠道形成有力补充，既压缩了内容的生产与发行周期，又降低了渠道成本。

（七）出版品牌价值的提升

出版品牌价值的提升需要解决出版核心活动的价值及出版活动周边服务价值。在大互联网时代里，用户群体基数与活跃度是品牌价值实现的基础。全媒体出版品牌通过提供出版消费及周边延展服务能有效提高用户群体基数与活跃度，提升出版品牌的价值。全媒体出版的媒介矩阵为创作主体在创作生产、自我品牌价值的建构等方面提供有力支持，有利于打造明星品牌，提升创作主体的认知度与权威性。多样化的出版内容产品在全媒体出版的媒介矩阵中能高效推送给目标受众，同时数字化的呈现形式不仅丰富了出版内容的表现形式，也提升了出版品的媒介价值。全媒体出版中的服务类出版媒体能够有效主动地聚合与培养用户，提高全媒体出版的整体用户流量，不仅能有效提高全媒体出版品牌的营销价值，而且能够拓展用户的周边消费需求，从而提升出版品牌的整体价值。

小　结

互联网连接世界的步伐不断加快，新媒体不断发展，人们了解世界的途径越来越依赖多样化的媒介，媒介矩阵成为品牌构建自我形象与价值，建构积极主动的媒介环境，满足用户需求与体验的重要阵地。

● **参考文献**

[1] 张志勇. 全媒体战略中资源融合的路径——证券时报跨媒体平台运作的尝试 [J]. 中国出版, 2010 (11): 19.

[2] 刘社瑞, 程继忠. 数字出版平台多维价值探析 [J]. 湖南社会科学, 2013 (2): 260-263.

[3] 张志林. 全媒体出版的概念理解与前瞻 [J]. 今日印刷, 2010 (8): 2-5.

[4] 秦崭崭. 我国全媒体出版的传播学解析发展初探 [D]. 南宁: 广西民族大学, 2011 (4).

[5] 张冬娟. 全媒体出版浪潮来袭 [J]. 今日印刷, 2013 (5): 39-41.

[6] 张雨晗. 全媒体出版: 现状与未来 [J]. 现代出版, 2011 (3): 14-17.

[7] 靳徐进, 石磊. 全媒体——出版业的方向和趋势 [J]. 东南传播, 2009 (12): 24-26.

[8] 崔恒勇. 互联网思维下全媒体出版的内涵 [J]. 现代出版, 2014 (11): 48-49.

[9] 崔恒勇. 全媒体出版的数字延伸结构探析 [J]. 出版发行研究, 2015 (2): 36-39.

全媒体出版品牌策略研究

崔恒勇

【摘　要】随着网络新媒体的快速发展,全媒体出版的跨业态品牌建构壁垒日益削弱。以文化 IP 为核心,通过文学、动漫、影视、游戏等跨媒体跨业态的融合出版成为当下文化创意产业的热点。围绕角色 IP 品牌、内容 IP 品牌和出版服务品牌为核心竞争力的全媒体出版品牌建设,不仅能够有效提升用户群体的品牌忠诚度,同时对于延伸出版消费、提高全媒体出版产业的整体规模都具有积极的意义。

【关键词】全媒体出版　全媒体品牌　品牌策略

在互联网与新媒体迅速发展的大背景下,出版产业各业态间的品牌融合与合作正迎来新的契机,全媒体出版作为以社交 IP 与内容 IP 为核心竞争力的媒介融合出版新模式也正形成品牌建设新机遇。

一、全媒体出版的品牌现状

全媒体出版是指在互联网与媒介融合背景下，以用户需求为中心，以"大数据"技术为支撑，以媒介矩阵为媒介环境保障，以碎片化、微出版品、常规出版品等为内容结构，文字、图形、图像、动画、音频、视频等多介质为内容形式，以满足出版消费及周边延展活动为媒体出版服务宗旨的动态及时的出版模式。在媒介融合大背景下，出版与媒体产业的品牌延伸与融合通过运用全媒体出版平台，多维度体系化地建构全媒体出版品牌体系，满足受众群体的阅读消费及周边需求，同时实现全媒体出版品牌的价值延伸。目前全媒体出版品牌在建设中存在以下几个主要问题。

（一）全媒体出版中机构间仅是品牌借势合作

目前大多数全媒体出版的品牌案例主要是传统出版品牌或者媒体品牌的单向延伸或融合，本质是基于 IP 品牌价值的跨媒介溢出效应，如《花千骨》《仙剑奇侠传》等。这种基于 IP 借势的品牌合作实质上是简单机械的跨媒体出版品牌合作形式，媒介跨度定向单一，品牌合作目标是延伸出版物本身而非目标用户群体，缺乏跨媒介间的有效互动，难以有效为目标用户群体提供全媒体维度的品牌黏性服务。

（二）全媒体出版的品牌盈利模式未转变

不论是基于明星 IP 还是基于内容 IP 的全媒体出版品牌，对于大出版行业而言，其盈利模式还未发生本质的改变。各类出版业态机构间的品牌合作都是出于自身以往的盈利模式习惯来定向进行跨媒体出版品合作，短平快的 IP 授权与出版变现，缺乏长效的品牌建构机制，品牌价值的生命力难以有效持续。全媒体出版的品牌价值主要体现在用户群体价值的挖掘上，实时累积的动态行业与用户的大数据评估、多维度的用户出版需求服务的供给是其品牌核心竞争力的体现。

（三）全媒体出版的品牌用户黏合度低

客观及时的用户消费喜好特征等相关大数据是全媒体出版品牌建构的依据，也是制定高用户黏合度品牌策略的基础。而现有的跨媒体出版品牌案例多是以迟滞的IP品牌数据来做投资评判依据，以单向的出版品为主要合作目标，围绕相关品牌价值的全媒体开发周期短，难以形成"以用户为中心"，围绕出版消费来设置媒体议程，通过有效互动与筛选分流来提高用户黏合度。

二、全媒体出版的品牌分类

全媒体出版产业链具有结构扁平化、媒介多维化的优势特征，理想型的全媒体出版流程涉及角色媒体、媒介数据、出版品媒体、出版服务媒体、发行渠道等环节。根据目前全媒体出版的基本产品内容要素，全媒体出版品牌主要可分为角色IP品牌、内容IP品牌、出版服务品牌等。

（一）角色IP品牌

在网络社交媒体多样化发展的背景下，角色IP是全媒体出版提升社交互动效果、增强用户黏性的重要组成部分。不论是海岩、韩寒这类传统出版业的知名作者，还是陈坤、罗振宇这样的跨界名人，都是具有社交角色特质的IP价值，其角色的社交属性代表着用户群体的单向度特质，同样也是相关全媒体出版消费的诉求方向。在这个得用户者得天下的网络媒介环境中，角色IP所拥有的用户群体规模、活跃度、忠诚度等指标直接反应了全媒体出版的角色IP品牌价值，其品牌价值越高，用户群体转化变现的基数也就越大。例如典型的角色IP品牌"罗振宇"，作为前央视主持，其所创办的"罗辑思维"是网络自媒体出版的经典案例，后续又创办了"得到"App，同时通过全媒体出版功能的累加，运用议程互动、多媒体出版、网络渠道、分流线下变现等多种方式实现角色IP品牌的建构与盈利。角色IP品牌具有社交互动和议程设置的主动性，其典型的"角色形象"既是全媒体出版的选题定位，同时又是其多维度全媒体出版的动力来源。不同于以往的跨媒体单向出版，角色IP品牌是以用户群体的价值挖掘为核心任务，通过相应的议程互动对用户群体进行全媒体出版消费的分类分级，依靠全媒体出版平台的大数据支持，个性化地满足各类别用户群体的多维度出版消费需求。

(二) 内容IP品牌

全媒体出版是综合运用各类型媒介优势，整合优化各出版环节的媒介矩阵式出版新业态。满足社交、创作、渠道及营销等功能的媒介矩阵需要形式多样且功能互补的出版内容，同时内容IP的品牌化也需要媒介矩阵提供用户培养的拟态环境。内容IP所包含的形式多样，如按出版业态可分为图书内容IP、音乐内容IP、游戏内容IP、动漫内容IP等，也可按内容特点划分为视觉形象内容IP、阅读内容IP、社交内容IP等。基于用户群体出版消费诉求的特点，全媒体出版在内容IP品牌的开发与延伸策略上也各不相同，如针对儿童消费群体的《喜羊羊与灰太狼》是以动漫音像出版为起点，后续延伸至图书、游戏等出版业态；而针对青少年消费群体，《仙剑奇侠传》则是以游戏出版为其核心起点，后向视听出版等领域延伸；而"罗辑思维"则是以自媒体社交为核心起点的内容IP品牌，后续融合营销渠道、用户分类等功能，与"得到"形成跨媒体出版品牌联盟。内容IP在全媒体出版的品牌策略中具有较强的适应性，针对目标消费群体的特质，选择全媒体出版的品牌延伸策略，在全媒体出版的媒介矩阵中可以灵活有效地提供话题互动、出版消费等内容。内容IP品牌是全媒体出版的核心竞争力，也是满足用户群体多维出版需求的根本前提。

（三）出版服务品牌

全媒体出版是以满足用户群体的多维出版需求为核心目标的出版业态形式。在覆盖全媒体出版各环节的媒介矩阵中体系化建立出版服务品牌是全媒体出版提升出版服务品质、拓展用户群体出版延伸消费的基础保障。根据所满足用户的出版消费需求维度的不同，可分为社交娱乐类出版服务品牌、自我展示类出版服务品牌、交易渠道类出版服务品牌等。社交娱乐类出版服务品牌是满足用户在全媒体出版语境内社交娱乐需求的出版品牌。在网络社交媒体繁荣发展的今天，社交娱乐需求是网络用户最核心的网络消费行为。全媒体出版是建立在用户群体黏性基础上的体系化出版模式，社交娱乐类的出版服务也是持续搜集累积用户群体消费特征数据、提升用户群体消费黏性和出版品牌价值实现的基础。自我展示类出版服务品牌是为满足用户群体的自我认同和群体认同需求而提供的出版品牌，一方面可为用户群体的社交互动提供话题来源，另一方面也可为出版物的开发提供服务保障，如漫画类出版服务品牌"有妖气"网站。交易渠道类出版服务品牌是实现用户群体出版消费价值变现的主要功能服务品牌，该类品牌可提供专业快捷体系化的出版服务。而在全媒体出版发展的现实案例中，基于自身品牌的竞争优势和用户群体的互动黏性特征，多数出版服务品牌呈现出功能集成化、前向一体化等趋势。

三、全媒体出版的品牌建构

相较传统跨媒体出版而言，全媒体出版是围绕用户群体出版需求的全方位出版形式，多维化的出版品牌建构是挖掘用户出版消费需求、提升用户品牌忠诚度、扩大全媒体出版消费规模的核心任务。

（一）角色 IP 的多品牌策略

多品牌策略是根据各目标市场的不同消费诉求分别使用不同品牌的品

牌决策策略。在网络全媒体语境中角色 IP 以其强大的社交互动功能成为全媒体出版品牌传播与价值实现的关键节点。依据不同目标群体不同维度的出版消费诉求建构多品牌的角色 IP，能有效定位分众化细分市场，形成品牌间的调性互补，降低品牌运营风险。全媒体出版的角色 IP 品牌具有出版与营销一体化的前台终端，满足全媒体出版的营销功能和渠道功能，同时其灵活多样的传播形式，也满足用户群体不同功能维度的出版消费诉求，如社交功能、娱乐功能、阅读功能等。

角色 IP 的多品牌策略构建了立体化的社交入口，能够形成主动有效的议题互动和舆论控制，在聚合规模化粉丝群体的同时，可通过积极的议程互动进行用户消费需求的分类管理，对增强用户群体的消费黏性、提升品牌的忠诚度都具有明显效果。

（二）内容 IP 的品牌延伸策略

品牌延伸策略是将现有成功的品牌，用于新产品或修正过的产品的一种策略。全媒体出版的主旨是围绕用户群体不同维度的出版消费需求，实现出版内容的全媒体产品链，内容 IP 的品牌延伸策略是全媒体出版品牌策略的核心价值体现。内容 IP 的品牌延伸动力源于其初始出版业态的消费用户忠诚度，通过跨媒介的出版延伸可以准确有效地把控新出版物的定位，将原有的忠实粉丝用户引流至内容 IP 的新开发业态中，大大降低新出版物的决策风险，同时有助于强化内容 IP 的品牌效应。通过全媒体产业链的品牌延伸不仅能有效拓展内容 IP 品牌的消费路径，提升全媒体出版产业的整体规模，同时也能带动用户群体的长尾消费，增强核心品牌的形象，提升整体品牌组合的竞争力。

（三）出版服务的品牌一体化策略

品牌一体化策略是指品牌从产业链的某一个环节渗透至其他环节甚至全部产业链的策略类型。出版服务品牌是基于用户群体的多维出版消费需求在全媒体出版各环节的媒介矩阵中建构的出版服务体系，它是提升用户群体出版消费体验、延伸出版消费路径的基础保障。出版服务的品牌一体化策略能够有效整合全媒体出版平台的相关服务资源，保障出版服务品牌的专业化建设，切实优化出版服务资源调配，降低全媒体出版产业链的运营成本。出版服务的品牌一体化策略能够有效管控上下游的业务资源，控制全媒体出版所需资源的议价能力，建构行业竞争的准入机制，同时也防止被竞争对手联合排斥。出版服务的品牌一体化策略能够有效整合全媒体出版平台用户群体的全方位消费行为数据，并进行分类管理，对不断积累的用户数据进行连贯有效的消费价值挖掘，实现出版服务的品牌增值。

（四）跨界品牌合作策略

全媒体出版的跨界品牌合作策略是通过出版行业与其他行业之间的相互渗透与融合，使全媒体出版的整体品牌形象和理念认同更具张力，在目标消费群体中形成品牌忠诚度的叠加效应。全媒体出版的跨界品牌合作策略是基于品牌间拥有近似或相同属性的用户群体、一致性的品牌理念，同时合作品牌之间应是互为补充、相互借势发展的共生关系，而不是相互排斥的竞争关系。跨界合作的品牌在优劣势上进行相互补充，将各自已经确立的品牌调性和品牌文化内涵互相延伸到对方品牌身上，形成品牌传播的累加效应，从而丰富品牌的内涵和提升品牌整体竞争力。建立"跨界"关系的不同品牌，一定是互补性而非竞争性品牌。随着文化创意产业竞争的日益加剧，跨行业之间的相互渗透和相互融合使得全媒体出版行业的品牌跨界和渠道跨界成为全媒体出版品牌建设的必然趋势。

小　结

在互联网应用与媒介融合的时代趋势下，全媒体出版的品牌建设应充分利用外部的资源与品牌优势，在传统行业不断被冲击和颠覆的变革浪潮中重新找到自身品牌定位，确立网络新媒体时代中的竞争优势。

◉ **参考文献**

[1] 崔恒勇．互联网思维下全媒体出版的内涵［J］．现代出版，2014（6）：48-49．

[2] 姚婷婷．阅文集团 IP 运营研究［D］．南京：南京大学，2016．

[3] 胡思．"互联网＋"背景下的 IP 模式［J］．现代营销，2016（2）．

[4] 刘社瑞，程继忠．数字出版平台多维价值探析［J］．湖南社会科学，2013（2）：260-263．

[5] 崔恒勇．全媒体出版的数字延伸结构探析［J］．出版发行研究，2015（2）：36-39．

[6] 张志林．全媒体出版的概念理解与前瞻［J］．今日印刷，2010（8）：2-5．

[7] 秦崭崭．我国全媒体出版的传播解析及发展初探［D］．南宁：广西民族大学，2011．

[8] 张冬娟．全媒体出版浪潮来袭［J］．今日印刷，2013（5）：39-41．

[9] 张雨晗．全媒体出版：现状与未来［J］．现代出版，2011（2）：14-17．

全媒体出版的整合营销转向解析

崔恒勇

【摘　要】随着互联网技术与新媒体技术的快速发展，传统出版业的营销环境与营销目标也发生了巨大的变化。在互联网思维的影响下，以商品售卖为目标的单点式营销模式正逐步转向以用户为核心的全链条价值营销模式。客观审视全媒体出版发展的时代需求，有利于我们全面认知全媒体出版整合营销的新任务，迎接互联网时代所带来的新机遇与新挑战。

【关键词】全媒体出版　整合营销　关系营销　数据营销

引　言

移动互联网时代以来，传统强势行业在互联网经济的巨大冲击下正逐步放下身段、转变经营理念，投入到不断满足用户体验与需求的转型之路中。

一、全媒体出版整合营销的时代背景

随着大数据与云计算等技术在传统行业的深入应用，传统行业的营销模式正在向精准化、互动化、智能化方向转变。行业大数据平台通过终端入口对用户个体进行全方位无缝数据搜集，逐步建立成规模性的受众行为与需求资源库，进而为企业提供系统全面的数据分析与价值挖掘，实现可视化动态的数据分析模型，为制定精准有效的营销策略提供强大的数据支撑。

同时，网络媒体技术的快速发展也使得以个体为中心的自媒体逐步从边缘走向主流。新媒体尤其是社会化媒体，以其突出的互动体验与受众高参与度等特点深受消费者的青睐。在以互联网媒体为基础的新型媒介生态环境下，全新的媒介关系与传播方式正在形成，进而也给出版业的传播与营销模式带来了深刻的影响。

全媒体出版是一种以用户为中心，以大数据技术为前提，以媒体矩阵为保障，以"内容＋服务"为核心竞争力，以模块化功能整合的出版平台为依托的动态及时出版模式。全媒体出版模式，能够客观认识自身在互联网时代中的优势和目标，围绕着以用户为中心，深入挖掘用户群体价值和全媒体出版平台功能整合；能够全面审视全媒体语境下用户群体的社交方式、消费预期以及新的媒介互动方式等，为全媒体出版整合营销策略的制定与实施提供客观依据。

二、全媒体出版整合营销的目标转向

（一）注重用户群体的价值挖掘

随着互联网时代的不断进步，网络用户的规模也在不断地刷新。在这个"得用户者得天下"的互联网浪潮中，众多企业巨头都将用户价值的挖掘与实现视为其发展方向与商业决策的基础依据。尤其对于正在历经变革与转型中的传统企业而言，企业营销的目标也从产品价值转向用户价值。

全媒体出版是在互联网时代背景下衍生出的媒体与出版跨界融合的新型出版模式。如何有效地聚合成规模的用户群体，深入挖掘用户群体的兴趣、习惯、消费等数据价值，满足其个性化、多样化的出版消费乃至跨界的延伸消费需求，成为全媒体出版整合营销的基础目标。全媒体出版平台以用户个性化、多维化的需求为依据，搭建用户的出版服务交互部落，建构不同维度的文化社交消费圈，连接各类出版服务品牌与用户群体，通过用户群体间的深度交互，以社区营销、口碑营销等多种方式，改变现有的营销格局。

（二）提升创作主体的影响力

对于传统出版业而言，创作主体的品牌价值主要体现在其创作领域的权威性上，其价值实现的路径相对有限。在泛娱乐化的众媒体时代，受众群体通过各类媒介接触到海量信息。具有社会角色特质的创作主体，可以通过全媒体跨界延伸的营销与推广，多维度展示创作主体的专业优势与角色特质，满足用户群体的多维情感诉求和消费预期，提升用户群体的品牌忠诚度，拓展创作主体的品牌价值延伸。

以韩寒的《后会无期》为例，创作主体不仅在各自的领域中占据品牌地位，在全媒体跨界出版领域也取得了极大的成功；同时在社会化媒体中多维度有策略地展示创作主体的社会角色特质，满足了用户群体的多维度消费诉求，在获得了数量庞大的忠实粉丝的同时，更提升了创作主体的影响力与号召力，从而为全媒体出版活动和跨界合作提供了重要的保障。

（三）提升全媒体出版的媒介矩阵传播价值

媒体行业的蓬勃发展，尤其是社交媒体的崛起、App 的广泛应用，使得媒体的模块化功能整合越来越具有个性化的特点。全媒体出版平台的一个显著特点是通过功能模块的整合，将全媒体出版的生产流程与产品链聚合成一个有机的媒介矩阵。全媒体出版的媒介矩阵在用户群体的聚合、用户数据搜集、内容的生产与测试、出版品的多样化流通、出版延伸价值的实现等方面都起着决定性的作用。而全媒体出版整合营销的目标之一就是建构全媒体出版的媒介矩阵。互联网的不断发展不仅解放了社会个体在现实生活中的需求与感观束缚，还在网络世界中形成新的单向维度的群体部落。全媒体出版的媒介矩阵可以更好地为垂直目标群体提供全方位的出版服务，满足部落群体的多维需求与消费。全媒体出版平台可通过话题引导、媒介互动、口碑营销、体验式营销等营销方式，为用户群体建立相应的模块化媒介矩阵。

（四）拓展全媒体出版平台的营销渠道

互联网经济的快速发展，使得电子商务的渠道功能日趋丰富与成熟。对于视频、游戏、数字阅读物等全媒体出版品而言，移动端入口与支付平台的成熟发展为拓展全媒体出版的营销渠道注入了新的理念与活力。不论是服务出版品的会员渠道，还是内容出版品的精确推送与定制渠道等，有媒介入口的地方就有渠道，例如微信的小程序模式。全媒体出版的营销渠道建构是用户体验与适应的过程，也是全媒体出版整合营销的目标之一。

（五）提高全媒体出版品牌整体价值

全媒体出版的品牌主要包括特质化的出版主体品牌、多样化的内容出版品牌和多维度的服务出版品牌。相较于传统出版而言，全媒体出版品牌更具有系统性和关联性。然而，全媒体出版的品牌价值营销应是长期化、体系化的，包括针对创作主体品牌与品牌联盟的口碑营销、事件营销、媒体互动营销等，针对内容出版品的话题营销、病毒式营销、体验式营销等，以及针对出版服务品牌的多维品牌价值的整合营销。全媒体出版品牌的整合营销应建立在构建统一的出版品牌体系下，围绕各子品牌之间的关联性与独特性，建立体系化的整合营销策略，以实现各子品牌与统一品牌的价值最大化。

三、全媒体出版的整合营销策略分析

（一）全媒体出版的数据整合营销

全媒体出版的整合营销是基于多维度全媒体出版活动的营销体系。随着大数据技术在出版行业的深入运用，数据整合营销将成为全媒体出版整合营销的基础策略。全媒体出版的数据整合营销是在基于大数据分析的基础上，描绘、预测、分析、引导用户群体参与体验、再生产和消费互动，同时也为全媒体出版平台制定有针对性的生产与营销策略提供依据。全媒体出版的数据整合营销依托全媒体出版平台内外的数据采集，以及大数据技术的分析与预测能力，为用户群体消费倾向、出版品的全媒体形式与发行策略、出版服务的功能模块整合、出版的跨界延伸策略等提供精确有效的技术支持，并为全媒体出版的品牌体系带来更高的效益。服务于全媒体出版的大数据出版运营平台（可视化动态的数据分析模型）可多维度采集用户群体的综合数据和全媒体出版市场的动态数据，为精确营销、互动营销、体验式营销和跨界营销等策略提供依据。

（二）全媒体出版的关系整合营销

关系整合营销是网络媒介生态体系下全媒体出版的重要营销手段，主要通过聚合的全媒体出版平台和多维的社交媒体网络来实现营销目标。关系整合营销是一种以用户群体为主体，以消费预期与行为为导向，强调用户期望与满足的个性化整合营销模式。关系整合营销注重用户的参与度与体验感，具有可定制化和关联化等特点，其通过多维度的出版媒体平台极大地简化了用户的消费程序、降低了营销成本、提高了用户的消费频次。

通过媒介矩阵的舆论导向、意见领袖的话题互动、服务出版品的媒介互动、口碑营销等方式，全媒体出版可实现亲缘关系营销、地缘关系营销、业缘关系营销、文化习俗关系营销、随机性关系营销等，并借助全媒体出版平台的大数据支持，渐进增强平台中的各类关系，提高用户的关注度和黏合度，为实现全媒体出版的整合营销提供支持。

（三）全媒体出版的媒体整合营销

全媒体出版平台提供了多种类型的媒体平台，包括以创作主体、意见领袖等的社会角色为主的自媒体；多媒体呈现的内容出版品媒体，如游戏、视频、数字阅读等；综合出版服务的媒体平台，如豆瓣网等。全媒体出版平台的媒介整合营销不仅能够充分利用全媒体出版平台的多维化媒介形式进行自主有效的营销推广，而且出版品（尤其是微出版品本身）就是媒介营销，特别是涉及社会化媒体营销内容与话题的出版品。以"筷子兄弟"先后创作发行的《小苹果》和《老男孩之猛龙过江》为例，《小苹果》作为筷子兄弟的电影作品《老男孩之猛龙过江》的主题曲，是电影作品营销推广的关键环节。2014年5月29日，《小苹果》在网络上线之后，网站陆续推出了40余款提前拍摄的"病毒式"引导视频，包括分解舞蹈动作的教学版、广场舞大妈版、小清新版等。电影上映之前，优酷网发起的站内投票显示，85%的《小苹果》视频点击观众选择"一定购票支持电影"。来自国家电影专项资金办的数据显示，电影《老男孩之猛龙过江》的首周末票房达到1.02亿元。由此，我们可以看到，通过全媒体出版平台内外的媒体互通与整合营销，以有效的话题引导目标受众进行病毒式传播，是全媒体出版的整合营销重要手段。

（四）全媒体出版的品牌整合营销

全媒体出版的品牌体系主要包括创作主体品牌、内容类出版品牌、服务类出版品牌等三种类型。全媒体出版由单一出版功能转向媒介功能与服务功能的融合，其出版品牌也形成了多维度综合品牌体系。在实现用户群体的出版服务消费过程中，全媒体出版的品牌整合营销也成为用户群体表达个人价值、审美品位、满足用户的认知需求、娱乐需求、社交需求与自我实现等需求的载体和媒介。全媒体出版的品牌整合营销通过品牌延伸策略、多品牌策略、合作品牌策略以及角色媒体品牌联盟策略等多种营销手段建立用户群体对品牌体系的忠诚度。

小　结

全媒体出版的整合营销策略是以注重用户群体的价值挖掘与实现、提升创作主体的影响力、提升全媒体出版的媒介矩阵传播价值、拓展全媒体出版平台的营销渠道、提高全媒体出版品牌整体价值为新目标的营销体系。只有全面了解全媒体出版业务平台，有序构建全媒体出版的整合营销策略，才能实现全媒体出版整体价值的稳步提升。

● 参考文献

[1] 张志勇. 全媒体战略中资源融合的路径——证券时报跨媒体平台运作的尝试 [J]. 新闻战线，2012（3）：19.

[2] 刘社瑞，程继忠. 数字出版平台多维价值探析 [J]. 湖南社会科学，2013（2）：260-263.

[3] 张志林. 全媒体出版的概念理解与前瞻 [J]. 今日印刷，2010（8）：2-5.

[4] 秦崭崭. 我国全媒体出版的传播解析及发展初探 [D]. 广西：广西民族大学，2011.

[5] 张冬娟. 全媒体出版浪潮来袭 [J]. 今日印刷，2013（5）：39-41.

[6] 张雨晗. 全媒体出版：现状与未来 [J]. 现代出版，2011（2）.

[7] 靳徐进，石磊. 全媒体出版——出版业的方向和趋势 [J]. 东南传播，2009（12）：24-26.

[8] 崔恒勇. 互联网思维下全媒体出版的内涵 [J]. 现代出版，2014（6）：48-49.

[9] 崔恒勇. 全媒体出版的数字延伸结构探析 [J]. 出版发行研究，2015（2）：36-39.

亚马逊模式对我国数字出版发展的启示

崔恒勇

【摘 要】 随着数字技术和互联网技术的不断发展和深入应用，数字信息已经全方位地渗入到了人们的生活当中。以阅读物为例，在欧美出版大国中，数字出版物的销售量已经逐步赶超传统出版物，一时间数字出版在出版业内外蓬勃发展，谷歌、苹果、亚马逊等众多企业纷纷走出了特色鲜明的数字出版模式探索之路，其中以亚马逊的数字出版创新与融合模式最为突出。

【关键词】 亚马逊 数字出版 数字出版模式

亚马逊公司成立于1994年，成立之初名叫"Codabra"，1995年更名为"亚马逊"，是全球电子商务的成功代表之一，读者可以在其网站上购买到英文图书、音乐和影视节目。2011年，亚马逊受电子书阅读器Kindle和数字媒体服务增长推动公司第二季度营收和净利润超过市场预期，成为继谷歌之后，第二家市值突破1000亿美元的互联网公司。2011年10月，亚马逊与图书作者直接签约出版图书和电子书，标志着亚马逊从销售商向图书出版商角色转变，以往传统的"作者—代理人—出版社—亚马逊—读者"的出版产业链将向"作者—亚马逊—读者"的出版模式转变。亚马逊的这种数字出版模式具有什么样的特质来支撑其挑战传统的出版模式呢？

一、亚马逊数字出版模式的特质

（一）亚马逊数字出版产业链整合

数字出版是一个包含了内容生产者、内容出版者、技术支持商、阅读设备提供商、内容销售商、内容消费者六个环节的产业链。亚马逊凭借其图书销售的网络零售商优势，开始了数字出版业务链的创新整合之路。

2007年11月，亚马逊推出其电子阅读器Kindle并取得空前成功，标志着其向下游终端设备业务的延伸取得成功。在内容提供方面，亚马逊早在2009年投入运营Amazon Encore项目时，就开始直接签约作者、网上销售电子书。Amazon Encore项目从亚马逊自费出版作者库中挑选出有潜力的作者签约，在网上销售其电子书。除此之外，亚马逊还通过收购小型出版商、下载网站，建设数字书店等方式，来增强竞争力和拓展其数字业务。2012年6月，亚马逊收购了拥有62年历史的小型出版商Avalon Books（阿瓦隆图书），并首次把其出版的书籍数字化。2012年第四季度亚马逊在巴西设立数字书店，出售Kindle电子书和葡萄牙语电子书，来扩大内容消费领域。

亚马逊在涉足数字出版业后，逐步整合了内容出版者、技术支持商、阅读设备提供商、内容销售商四个环节，形成了"作者—亚马逊—读者"的出版模式。

（二）亚马逊数字出版专注大众出版

按照国外常用的分类法，一般将现代出版分为教育出版、大众出版和专业出版。而大众出版符合市场化的前提，具有可塑性比较强和读者的需求呈弹性状态的特点，呈现出丰富的出版品种和庞大的消费群体。

作为精神产品，读者的需求是具有张力的。只要产品满足了读者的需求，市场的大门就会打开。大众出版物的品种繁多，难以灵活多变地适应读者的需求变化，从而给出版环节造成了库存和物流等多方面的压力。

作为全球最大的 B2C 网络图书销售平台，亚马逊借助于 kindle 阅读器的成功在大众出版领域的优势越来越突出。其数字化转型主要是由于电子阅读器的逐步普及以及基于阅读器的电子图书的销售增长促成的。2018 年，亚马逊网站的 Kindle 阅读器至少占到全球阅读器市场的 60%，借助完善的网络销售平台和服务体系，具备越来越庞大的数字内容保有量。

（三）亚马逊数字版权保护

亚马逊通过 Kindle 数字终端控制或者通过嵌入在 Kindle 电子图书 PC 版阅读应用中的 DRM 软件，可以防止用户与他人共享自己的亚马逊电子图书，或在非亚马逊平台上阅读这些书籍。

亚马逊的 Kindle 3 代表了电子书正版化的趋势，即卖服务而不是卖终端。目前亚马逊推出电子阅读器就是基于自己所拥有的正版书库，而超低价销售则可以快速占据市场，形成一个拥有最广大读者的网络化电子阅读器读者平台，这一庞大的读者群体最终将吸引出版社变消极为积极，将自己手中的实体书转换成电子书，在平台上售卖，从而获取更为广阔的利润，而且不用担心纸张、物流和库存成本，这都是破解盗版问题最希望看到的前景。

早在 2006 年，亚马逊就首度涉足云计算服务。2011 年，据美国调查公司 451Group 的报告，AWS（亚马逊云科技）已经占据了美国 59% 的基础设施及服务（IaaS）市场份额，领先优势相当明显，云计算不仅在数字出版的内容管理和运营成本上有重要作用，更为版权交易和监管提供了技术保障，对数字内容生产与流通的实时管控起到了关键性的作用。

（四）亚马逊数字出版激励内容生产者

数字出版归根结底还是内容资源的竞争，亚马逊的"去中介化"的"作者—亚马逊—读者"的出版模式在提高出版效率、降低成本的同时将作者的版税提高到销售额的 70%，而大出版商向作者支付的电子图书版税仅为 17.5%。它除了直接签约作者出书，还准备开放部分后台数据，让所有作家都能直接查看作品在各个地区的销售情况，不论他们是否让亚马逊出版其作品。另外，亚马逊还能让作者直接和读者进行一对一的交流。诱惑力的版税机制、丰富多样的推广资源、压缩的出版周期、实时开放的销售数据对内容生产者来说都是非常有吸引力的要素。

（五）亚马逊数字出版提升用户体验

"用户体验"作为企业理念的第一条，写在贝索斯 1997 年上市第一年的致股东信里，至今没变。用户体验是一个综合的考量，涵盖商品/服务的范围和质量、价格优势、交易的便捷性、送货的及时和快捷、顾客信息的安全、售后服务等。亚马逊的所有创新都是围绕着用户体验和需求而进行的。

建立一种用户体验，来提高用户在线购物的可能性是亚马逊取得成功的关键。庞大的用户消费数据库、高效的云计算能力、人性化的用户界面和营销手段、不断丰富且有针对性的内容与服务是亚马逊致力于用户体验服务的保障。

本着不断完善用户体验动态体系的理念，亚马逊进驻 Facebook（脸谱网）社交平台，原因只有一个，那就是满足用户的社交需求和娱乐需求，提升用户体验。

二、我国数字出版的发展现状

随着我国创意产业战略的制定与实施，数字出版产业作为创意产业的支柱之一也呈现出强劲的发展势头。经过几年的飞速发展，我国的数字出版产业从内容出版、技术支持、阅读设备、渠道运营等"出版硬件"上看，已经形成了较完整的产业链条。虽然我国的数字出版产业近几年取得了飞速的发展，目前仍面临诸多亟待解决的问题。

（一）数字出版产业链的融合不足

目前我国的数字出版业呈现出各环节割据的状态，以中国出版集团等为代表的传统出版业、以盛大文学等为代表的互联网内容提供商、以当当、京东等为代表的电子商务业、以汉王等为代表的终端阅读设备商、以中国移动等为代表的电信运营商以及网络社区和第三方内容应用平台等各个环节。

数字出版的优势在于内容资源的规模化、内容形式的多媒体化、出版传播的多渠道化、版权保护的集约化、运营成本的经济化。而我国数字出版业目前各环节业务整合的不足，必然在充分发挥数字出版优势上大打折扣，从而影响我国数字出版业的良性发展。

（二）数字出版内容形式与传播创新不足

数字技术的发展给出版业在内容的生产、管理和传播等方面带来了巨大变化。从内容形式上，不仅仅局限于纸质内容的数字化，数字多媒体与网络的互动性为数字内容的传播形式的多样化发展提供了前提，文本、插图、音乐等多媒体互动形式也为数字内容的展现提供了立体化人性化的平台，而我国在数字内容形式的创新上受到不同出版环节特性的明显影响，其单质化的数字内容形式明显。

网络环境和数字技术的极大改善，使得用户消费出版产品和服务的路径多样化、用户体验需求多层次化。而目前的现状则是在数字版权保护和交易不健全的前提下，各业务环节基于安全可控和自身利益的需要在传播流通环节加以限制。

（三）数字出版的法律法规体系滞后

我国现有的相关出版业的法律法规的制定与监管已不能满足数字出版业快速发展的需求。对数字出版产业发展模式的不确定性，是出版业法律法规制定与监管滞后的主要原因。内容为王的核心与渠道为王的现实，是数字出版行业持续发展所遇到的尴尬难题。缺乏良性发展所需的法律制约、版权监管和版权交易统一管理、数字出版标准化制度建立等，是制约我国数字出版持续快速发展的重要因素。

另外，从数字出版的法律法规制定和监管的外部环境来看，基于我国数字出版行业全局高度和行业发展的核心任务的认同对于行业法律法规整体统筹制定和监管十分必要。数字技术的发展与应用、用户消费习惯的培养等也是影响我国法律法规制定和实施的先决条件。

（四）出版产业链利益分配失衡

数字出版的核心是内容，作者作为内容创作的主体，在整个出版产业链中的核心地位是不可替代的。在利益分配上，数字版权使用者应充分重视著作权人的收益。数字出版在降低出版壁垒，提高出版利润率方面有着明显的优势，积极维护作者的主体地位和利润分配倾斜是数字出版飞速发展的前提。由于国内长期以来的出版主体地位认同的差异，平台为王、渠道为王的思想仍然盛行。

以电信平台为例，出版企业给中国移动数字内容平台提供内容利润分成比例不低于60%；给中国联通和中国电信数字内容平台提供内容利润分成不低于65%。而出版企业与三大电信运营商此前的分成为20%或30%，最多是40%。

（五）对用户消费体验缺乏系统改善

目前我国具有较大规模的数字出版企业，以中国出版集团等为代表的内容提供商和以汉王等为代表的移动终端生产商，以中国移动等为代表的电信运营商，以盛大文学的云中书城等为代表的网络内容提供商，都在基于自身资源优势积极探索用户体验模式的改善。

数字出版环境下消费群体往往是多媒介、多渠道的消费与阅读方式。受自身出版环节的局限性影响，缺乏数字出版产业链整体环境下用户体验的系统把握是我国的数字出版企业所面临难题。

三、亚马逊模式对中国数字出版的启示

（一）数字出版产业链的优化协作机制

亚马逊凭借着十多年成功的图书销售经验和对读者群体消费体验的敏锐洞察，开始进军数字出版。亚马逊在数字出版领域的探索和尝试在带给读者和业界惊喜的同时，其数字出版产业链的一体化模式也带给业界深刻的反思。亚马逊对网络时代读者需求的变化、集约化数字出版模式的竞争优势、数字内容市场的重视策略的认同，无疑是其敢于挑战整个出版行业重要前提。亚马逊的经验启示我国数字出版行业需要建立起整体统筹、高效监管、资源共享、成本控制、分工协作的优化机制。

（二）建立数字内容的形式与传播的多样化体系

亚马逊通过其全球最大的网络零售渠道、不断升级的kindle阅读终端、丰富的App、与Facebook社交平台合作等多种措施，为其数字内容在形式和传播方面的多样化体系的建立和发展破除了技术壁垒。现代数

字技术和网络环境下,读者在内容形式方面的多感官、互动性、趣味性、延展性的需求和在内容传播方面的多渠道、便捷性、人性化、双向性的需求促使着我国的数字出版产业在整合、优化产业环节的过程中,丰富和发展了数字内容的形式和传播的多样化体系,为数字出版市场的繁荣发展提供保障。

(三) 完善数字出版行业法律法规的制定与监管机制

亚马逊强大的云计算服务和世界约60%的数字阅读终端占有率,为其数字出版内容的存储与管理、版权保护、网络销售和自动结算、数据安全等提供了技术保障。亚马逊在统一的技术标准、版权保护、运营监管等方面的经验对我国数字出版行业的发展是非常有借鉴意义的,目前我国也在积极探索将云计算引入到版权监管和版权交易中来。结合我国的国情和行业特性,政府部门应该着眼于出版产业经济的良性可持续发展,健全出版行业的法律法规,搭建完善统一的版权保护和数据安全的监管服务平台,引导和规范市场秩序,在加强内容资源开发、控制运营成本、整合运营渠道、完善版权保护服务体系等方面发挥积极的政策保障作用。

(四) 积极理性的产业链利益分配机制

数字出版的竞争优势在于成本的控制,亚马逊的"作者—亚马逊—读者"模式是在数字出版流程中为"买卖双方"搭建的最短平台模式,只有整个行业的利润率提高了,买卖双方才能获得最大的实惠。出版行业的核心环节还是内容,这是整个行业的一致观点,而且亚马逊也是这么做的。亚马逊的数字出版模式在综合一体化的出版中间环节中,极大降低了出版成本,为作者提供了更多的利润空间。

目前我国在内容提供、数字技术、网络销售、移动终端等多个领域的发展状况,使得数字出版业在内容资源的集成与长尾效应的发挥,以及内容传播、营销成本和版权交易等方面的效率较低，使得数字出版的利润率偏低。以电信运营商掌有的手机阅读业务为例，只有约有六成的销售额提成，直接消减了作者创作的积极性。

（五）完善系统的用户体验需求与服务

亚马逊是市场化的公司体制，在市场的不断扩张中，首先要迎合用户，满足和引导用户体验需求，亚马逊借助阅读终端占有率和网站浏览量所建立的庞大用户消费数据库来了解大多数读者的基本需求，从而不断优化更新产品，以提供给用户更好的用户体验。同时亚马逊进驻社交网络，为作者与读者提供一对一平台，不用借助任何书评员便可起到有效的宣传与推荐，作者可以获得购买信息、价格比对等服务。数字技术和网络环境对出版模式的改变和内容的不断丰富，让消费者对阅读形式和感官的期待越来越高，亚马逊还不断探索数字内容的表现形式和与用户的互动环境，这些对我国数字出版企业的经营思路都有很重要的借鉴意义。

当前我国出版产业链中的各个环节，也正在不断地摸索如何把脉中国用户的体验需求，比如国内汉王、云中书城等企业，也经历从阅读器终端发展到囊括知名小说网络、为用户提供数字读物的服务。但作为整个产业链中的一个环节，受自身发展模式的局限，很难从整体出发对用户的需求做到快速和完全的满足，比如，快速推出多种的内容形式或者多种销售形式。在这种现状下，就需要有一个统一平台来收集和分析用户的多样性和多变化的需求，与提供内容的企业进行对接，与企业进行分工协作，完成数字出版产业链的整合与贯穿。

小 结

在数字技术和网络技术快速发展的时代背景下，我们应该充分认识到数字出版的本质和核心任务。以渐进优化用户体验、提高作者的内容创作积极性为根本出发点，不断创新我国的数字出版模式，使我国的数字出版产业能够持续满足用户需求，适应数字时代的发展要求。

● **参考文献**

[1] 汪新波. 亚马逊模式"的秘密 [J]. 中国新时代，2012（6）：87-89.

[2] 高英杰. 亚马逊模式对我国数字出版的两点启示 [J]. 现代商业，2012（11）：51.

自媒体对出版品牌传播的影响研究

崔恒勇 陈璐颖

【摘 要】自媒体的媒介属性促使媒介环境发生了颠覆性的变革,出版业市场竞争的加剧又增强了出版品牌传播的重要性,自媒体的特性对出版品牌传播有哪些影响,自媒体时代的出版品牌传播活动应该如何开展,又需要遵循哪些原则?在传统出版业的数字化转型时期,这些都是值得我们深入思考的问题。

【关键词】自媒体 出版品牌 品牌传播

随着互联网发展进入 Web 2.0 时代,互联网信息传播模式也由最初的单向传播转变为不定向传播,互联网用户不再是单纯的信息接收者,他们可以同时扮演信息发布者、信息传播者、信息接收者等多重角色。2003 年 7 月,美国新闻学会媒体中心出版了谢因波曼与克里斯·威埋斯联合提出的"We Media"(自媒体)研究报告,其中对"We Media"下了一个十分严谨的定义:"We Media 是普通大众经由数字科技强化、与全球知识体系相连之后，一种开始理解普通大众如何提供与分享他们本身的事实、他们本身的新闻的途径。"简而言之，自媒体是普通公民用以发布自己所见、所闻、所感的媒介载体。

一、自媒体催生媒介环境变化

自媒体的具体形式包括博客、微博、个人日志、个人主页等网络平台，目前最有代表性的自媒体平台包括国外的 Facebook、Twitter，国内的 QQ 空间、新浪博客、新浪微博、人人网公共主页、豆瓣小站、微信公众平台，等等。在大众传播主导的时代中，信息传播的主要模式是"一对多"的单向传播；而自媒体出现后，信息的传播模式逐渐演变成了"多对多"的不定向传播。要而言之，自媒体有以下三个传播特性。

（一）传受合一

传受合一是自媒体同其他媒介形式的最大区别之一，传统媒介和 Web 1.0 时代的网络媒介都是由社会媒体组织担任传播者，而普通的公众只是传播内容的接受者，扮演着受众的角色。传受合一给每一个网络用户发言的机会，参与互联网传播活动的所有个人和组织既可以作为传播者，也可以作为受众，传播者和受众之间不再界限分明。

（二）即时互动

传受合一的传播形态促进了从单向传播到互动传播过程的发生，自媒体强化了人与人之间的交流关系，而且每个自媒体平台都多多少少包含着社交属性，能够帮助人们拓展线下的人际关系，发展网络中的互动关系。用户不仅可以发布信息，还可以评论、分享别人发布的信息，而且自媒体强调互动的即时性，用户发布的互动信息可以实时到达传播对象，同时传播对象也可以选择做出即时的反馈。

(三) 去中心化

在大众传播时代，少数精英群体掌握着媒介话语权，他们控制着媒介的传播内容和传播方式，普通公众和社会组织需要借助媒体向公众传播信息，这个过程往往也会受到媒体的很多限制；自媒体为公众提供了相对公平的话语平台，公众借助自媒体可以按照自己的意愿和想法来发布信息，能否引起关注也取决于传播内容、传播时间、传播频率等媒介策划环节，每个人传播的内容都可能成为公众关注的中心，每个人的关注重点也各有不同。自媒体实现了真正意义上的去中心化，在自媒体时代，几乎没有人可以拥有传播特权。

自媒体的上述特性，引发传媒领域的颠覆性变化。传统的自上而下的单向传播成为过去式，新的自下而上的不定向传播给内容生产及监管带来很多机会与挑战。研究自媒体，是传统出版在数字化转型过程中必须要有的一课。

二、自媒体与出版品牌传播

改革开放以来，中国出版业经历了巨大的变化。随着经济体制改革的一步步深入，中国出版业的竞争也一步步加剧，特别是在党中央提出深化文化体制改革之后，出版业也开始走上了市场化、产业化的道路，出版单位纷纷转企改制，开启了全面竞争的发展格局。在市场竞争中，品牌常常被视为企业获取竞争优势、进驻目标市场的核心力量，这在出版行业也不例外。从我国近年的出版市场来看，出版业正快速进入一个品牌竞争的时代。

出版品牌也是出版市场竞争的必然产物，"出版品牌是在出版营销或传播过程中形成的，自身具有特定的名称和标志，用以将产品或服务与读者等关系利益团体联系起来，并能为出版企业带来新价值的出版媒介。

它既可以是人,如作者、编辑等,也可以是物,如图书、出版社、发行单位等"。

随着出版业的市场竞争不断加剧,各出版企业纷纷开始创建自己的出版品牌。出版品牌的创建包括出版品牌定位和出版品牌设计两个过程。成功创建了出版品牌之后,如何将出版品牌推入市场,如何让广大的消费者接受并认同该品牌,就需要出版企业策划主动的营销传播活动。出版品牌从创建到发扬光大主要依赖于传播环节,出版品牌传播是提高出版品牌知名度和美誉度的重要途径,它可以提升消费者对品牌的认知度和认同感,从而形成对品牌的忠诚。

出版品牌传播过程主要包括广告、公关、销售三种途径,出版企业或利用媒体广告投放、宣传招贴、网络软文等广告形式进行品牌推广,或通过新书发布会、图书捐赠、培训班等公关活动进行品牌宣传,或通过多样化的销售渠道和优质的销售服务来赢得消费者对品牌的认同。

随着自媒体用户群体的不断增长,自媒体平台在出版品牌传播方面也大有用武之地,它让出版品牌的传播方式变得更加多元化。出版社、图书营销公司、编辑人员、作者等出版品牌的各个构成要素都可以拥有各自的自媒体账号,出版品牌所包含的每个团队和个人都拥有了自己的发声平台,他们可以通过自媒体平台开展一系列出版品牌传播活动,例如,推广新产品,策划促销活动,完善客服体系,等等。在出版品牌的传播过程中,如何最大程度地发挥自媒体平台的价值已变得越来越重要。

自媒体平台中的品牌传播与传统媒体中的品牌传播也有很大的差异,下面分别从广告、公关和促销三种具体传播形式出发,分析如何在自媒体平台中进行出版品牌传播。

(一) 自媒体平台中的出版品牌广告活动

诸多自媒体平台的相继出现,给出版企业提供了自己的发言平台,他们可以在自媒体平台中创建自己的账号后免费发布任何广告信息。例如,现在各大出版企业都拥有自己的微博账号，它们可以借用微博平台发布品牌和产品的广告。

值得注意的是，传统的出版品牌广告活动通过其他媒介发布广告信息时，最关键的环节在于选择合适的媒介，而广告主在选择媒介时最看重的应当是该媒介的受众群体是否与品牌的目标消费群体定位相符。同样，对于自媒体中的出版品牌传播来说，最关键的也是发展受众群体，将目标消费群体有效地转化为该品牌自媒体账号的受众。也就是说，足够的有效受众是自媒体广告价值的主要体现。

自媒体账号最初创建时几乎是不为人所知的，出版企业可以借助自媒体平台本身或利用其他媒介平台对出版品牌的自媒体账号进行宣传。其实，出版企业本身就是媒体，它们可以利用自己的出版物推广其自媒体账号，将已有的客户群体发展成其自媒体受众，例如，在出版物的腰封或封底印上出版品牌的微博ID、微信账号二维码、人人网公共主页名称，等等。这个扩大自媒体账号目标受众的过程可以一举两得：首先，出版品牌的自媒体账号本身即是出版品牌的一部分，出版品牌的自媒体发布的内容也能从一定程度上反映出版品牌的内涵和定位；其次，出版品牌利用自媒体平台汇集了足够多的目标受众后，其自媒体账号的广告价值就得到了大大的提升。

另外，自媒体平台中的出版品牌传播应充分利用自媒体传受合一和即时互动的特性。在微博、微信、人人网等自媒体平台中，作者、编辑、出版公司、图书营销公司等都可以创建自己的账号，在出版品牌的广告活动中，这些自媒体账号都可以参与其中，发挥各自的作用。例如，出版社可以在自媒体平台上发布品牌宣传片，给受众讲述品牌的故事；在出版品牌推出新产品时，出版社还可以发动出版企业领导、作者、编校人员一起通过多个自媒体账号发布产品广告。同时，不可忽视的是，作为出版品牌目标受众的读者，他们可能也拥有自己的自媒体账号，出版品牌也可以邀请忠实读者通过自己的自媒体账号为出版品牌做宣传。

（二）自媒体平台中的出版品牌公关

出版品牌的公关传播，主要是指出版企业在品牌营销过程中，为了树立出版品牌的良好形象，赢得公众信赖，加深目标消费者对品牌的印象而进行的一系列强化出版社和社会公众关系的活动。

出版品牌的公关活动一般包括赞助文化活动、发起慈善活动、制造新闻话题，等等。一般来说，品牌广告可以让受众更了解品牌，产品广告可以增加产品的销量，而品牌公关活动很难给品牌带来直接的经济收益，但出版品牌公关活动在促进出版品牌传播方面可以发挥潜移默化的长期作用。

传统的公关传播活动一般都会邀请各种媒体对活动进行报道，如果品牌建立了完善的自媒体平台，便可以借助自媒体平台自行报道。在公关活动开始之前，需要设计详细的自媒体宣传计划，不同的自媒体平台在公关活动中可发挥的作用也不尽相同。首先，在品牌公关活动开始前的宣传阶段，可以在各个自媒体平台进行立体化宣传，通过自媒体宣传的关键在于尽可能地使推广信息覆盖到最广泛的人群。例如，出版企业可以通过微博平台分时段多次发布活动宣传信息，然后积极与感兴趣的微博用户沟通交流，并将有代表性的互动内容转发到微博中，也可以提高活动信息的曝光率；同时，在跟目标受众沟通的过程中，也可以从多方面了解受众对于活动的看法和期待，并据此在活动开始前对活动细节做出及时的调整。其次，品牌公关活动开展当天，可以通过多个自媒体平台同步直播活动现场的情况，由于自媒体平台的信息发布比较容易，可以通过手机、平板电脑等无线设备即时发布，所以大大提高了公关活动新闻报道的时效性；而且，通过自媒体平台发布的活动信息也可以增强出版品牌的自主发言权。最后，在公关活动结束之后，出版企业可以对活动做出相关总结后发布在自媒体账号中，并邀请活动参与者对活动进行评价或提出建议，还可以通过自媒体平台即时监测受众反馈的信息，及时与用户沟通，在互动中增强品牌的亲和度，提升用户体验。

另外，自媒体在出版品牌的危机公关中也能发挥重要的作用。自媒体不仅能促进品牌的正面宣传，也可以在企业遭遇负面报道时，作出及时的反馈。出版品牌也可能面临品牌危机的情况，例如，出版物中出现严重错误或读者对出版企业的服务不满意，在遇到影响范围较广的危机事件时，出版企业可以在多个自媒体平台中同步即时发布公告，澄清事实或公开道歉。如果危机事件处理得当，还可以通过自媒体平台将危机处理的过程巧妙地转化为一次正面宣传，化"危"为"机"。例如，"快书包"在微博中提供即时的客户服务，只要某用户在微博中提到"快书包"，客服人员、企业领导都会迅速、耐心地回复用户反映的问题，微博用户在问题解决后常常会发微博称赞"快书包"的客户服务。企业可以直接通过自媒体平台发声，不再需要借助其他媒体的报道，这就让企业有了更多为自己说话的机会，这也体现了微博的传受合一性。

（三）自媒体平台中的出版品牌销售活动

出版品牌销售活动，主要是指出版企业为了达成某一目标，精心策划出一些销售活动，在促进商品销售的同时进行品牌推广。销售折扣、附带赠品、免费体验都是销售活动的基本手段。传统的出版物销售活动一般都是由销售商举办的，例如三大电商网站为了打价格战，将成千上万的库存图书低折扣卖出。出版企业、编辑、作者等作为出版物的制作和发行方很难与消费者有直接接触，也就很难参与到图书销售的具体过程中，难以策划具体的图书销售活动。

但是，出版品牌创建成功后，出版企业可以借助自媒体平台做电子商务，在自媒体平台中策划一些销售活动。自媒体在出版品牌的销售活动中主要可以发挥两个作用：一是宣传活动信息，使更多的人参与到活动中来，因为自媒体具有传受合一的特色，企业可以直接通过自媒体账号发布宣传信息；二是充分利用自媒体的即时互动性，直接在自媒体平台中开展销售活动。这种从活动宣传到活动进行都在线上完成的自媒体销售活动既能促进品牌传播，又能给出版企业节约很大一笔资金。出版销售活动的具体形式有很多种，例如，通过微博自媒体平台开展"有奖竞答"类活动，给参与活动并答题正确的用户提供购书代金券或其他小礼品，此类促销活动在微博上的传播效率很高，可以吸引很多对赠品感兴趣的用户前来参加。同时，活动策划者要充分利用自媒体本身的优势，尽可能通过活动的细节安排给品牌传播带来最大的效益，例如，活动要求参与者必须关注该品牌的自媒体账号并转发活动信息，这样既能提高品牌自媒体的知名度，也能促进销售活动的扩散。

三、自媒体时代出版品牌传播应该遵循的原则

（一）渠道和内容并重

比起其他媒体，自媒体可以给用户提供更多媒介操作方面的便利，自媒体的优势主要体现在媒体的特殊属性上，即渠道上的优势；同时，出版品牌的自媒体账号可以免费发布文字、图片、音频、视频等多种形式的内容，出版企业自身作为传统媒体行业的一部分，在利用新媒体做品牌宣传时，往往侧重于借助新媒体丰富的媒介形式，忽略了媒介内容的重要性。出版品牌的自媒体内容发布也需要经过精心的策划，具体的内容定位、发布时间、话语风格等都需要负责自媒体平台出版品牌传播的团队经过深入思考后，提出详细的计划。自媒体的内容往往决定了它是否具有吸引力，本来对品牌不太了解的潜在受众选择是否长期关注品牌自媒体账号的很大一部分原因源于该账号提供的内容是否有吸引力。

出版品牌作为文化产业的一个部分，应该有其自身的品牌文化核心，而与品牌文化相左或毫无关联的信息一定不能出现在任何涉及品牌传播的文本内容中。自媒体账号的维护人员要时刻牢记出版品牌的文化定位，时刻牢记品牌自媒体上发布的每一句话都是站在品牌的角度在说话。自媒体

中的出版品牌传播策划既要包括其中所涉及的媒体平台规划，也要包括各个自媒体平台发布内容的规则和细节问题。

（二）时效性和严谨性并重

在自媒体上进行品牌传播还有一个明显的优势：即时性。在其他媒体上投放广告，需要与媒体商量广告排期问题；策划活动邀请媒体参与报道，报道的时间安排也是由媒体决定。而出版品牌在拥有自媒体后，就能自由决定何时发布信息，一些讲求时效性的信息通过自媒体发布可以更快地传递给受众。例如，出版品牌自媒体可以图文直播品牌活动，在公司遇到公关危机时，也可以第一时间以官方的身份与受众对话。

但是时效性的背后往往可能存在信息严谨性方面的漏洞。自媒体平台在做品牌活动的图文直播时，一定要注意消息的准确性和合理性，不能因为抢时间而影响信息质量。更重要的是，自媒体平台大大提升了品牌危机公关的效率，但是也提升了危机公关的风险性。发生公关危机时，虽然当事品牌最好能在第一时间站出来做出回应，然而回应的内容比回应的及时性更为重要，由于自媒体传播效率高，回应文字中的任何言辞失误都有可能给品牌带来巨大的名誉损失。

（三）多平台、多账号整合传播

众所周知，互联网中充斥着各种各样的自媒体平台，每个自媒体平台都有自己的用户群体，不同平台所拥有的用户群既有重合的部分，也有不同的部分，为了提升品牌的知名度，要在尽可能多的自媒体平台中开通账号，然而自媒体账号的维护需要很多人力成本，所以广泛宣传中要有重点宣传。出版企业根据品牌的产品定位确定其受众定位，并根据自媒体网站用户调查报告等文件找出其目标受众最常登录的自媒体平台，重点维护这些平台中的自媒体账号。如果没有足够的人力资源，就不要在过多的平台中开通账号，只要开通了品牌的自媒体账号，这个账号就代表着品牌的形象，必须尽心维护。

自媒体时代出版品牌传播应该遵循的原则见图1。

渠道和内容并重	自媒体的传受合一性让每个人都有机会向大众传播信息，显然传播什么比如何传播更为重要，传播内容比传播渠道和传播形式更重要。
时效性和严谨性并重	自媒体的即时互动性给用户提供了交流的便利，但是品牌对消费者的回应应该更注重严谨性，不能因为追求时效而出现话语漏洞。
多平台、多账号整合传播	自媒体的去中心化让每个用户发起的话题都可能吸引众人关注，通过多平台、多账号的整合传播可以同时将传播内容推送给不同平台的不同受众，扩大传播范围，也提高影响力。

图1 自媒体时代出版品牌传播活动应该遵循的原则

自媒体平台的整合传播包括两个方面：第一，不同的自媒体平台发布的品牌相关信息要尽可能保持一致；第二，同一自媒体平台中的不同账号可以在品牌自媒体传播过程中发挥协同作用。具体来说，首先，整合传播指的是：由于传播目标的一致性，品牌传播的所有信息应该是在统一的策略指导下以同样的声音传达给受众的，所以出版品牌在不同自媒体平台中的账号发布的重要信息一定要具备内容的一致性，当然针对不同的受众，文字风格和互动方式上的差异也允许存在。其次，由于出版品牌包含很多要素，如果要将某一出版社打造成为一个出版品牌，那么这个出版社出版的每一册书、出版社的每一名员工、出版社签约的每一位作者等都是这个出版品牌所包含的要素，出版社的领导和普通员工以及签约作者都可以拥有自己的自媒体账号，出版品牌传播应该充分利用这些账号的协同作用来做宣传推广，特别是企业领导者和知名作者的自媒体影响力都很高，在出版品牌传播过程中可以起到至关重要的作用。

小　结

自媒体时代的到来对所有行业都产生了巨大的影响，作为传统媒体行业中的出版业，如何在这个时代趋利避害，将自身的优势在新媒介平台中发扬光大是出版行业面临的严峻问题。自媒体平台对出版品牌传播的确大有裨益，创建出版品牌的个人或团体应该充分利用自媒体的传播特性，在明确出版品牌定位的基础上，制定自媒体平台中的出版品牌传播策划。自媒体平台都强调用户体验，品牌传播者在具体的传播过程中，即可发现自媒体在出版传播的各个环节发挥的作用。

● 参考文献

[1] WILLIS C, BOWMAN S. We Media [J]. The Media Center, 2003 (7).
[2] 张艳. 新媒体技术条件下的整合性营销传播策略 [J]. 中国青年政治学院学报, 2007 (4): 115-117.

试析数字出版平台与大数据结构

崔恒勇　范钦儒

【摘　要】大数据在数字出版中的实际应用是一次行业生产模式的转型。海量的传统结构化数据与非结构化数据的互相融合，跨行业间的数据交换，产业链各环节本身与其链条触到的周边数据的整合，以消费者为中心的消费行为数据和社交数据的交融，真正阐明了大数据的深层内涵。因此大数据技术中数据结构的研究显得极为重要，尤其在新兴的数字出版平台中，数据结构整合程度的高低直接影响着数据价值的挖掘与利用程度。

【关键词】数字出版　大数据　数据结构　数据挖掘与利用

一、概念辨析

（一）数字出版平台

数字出版平台的概念，代表了一种产业内涵。平台并不是一个实体概念，它是以产业角度所组建的，以行业为核心领域的，包含整个生产、服务链条各环节在内的一种开放式生产环境。平台的功能不是单一的，所包含的利益关系也是多方的，它通过众多入口和出口，为直接生产方和周边服务方提供一个互相沟通的抽象的场所，用于相互交换生产资源。数字出版平台把出版内容提供方（包括文字创作、音乐创作、影视创作等多种形式）、产品生产方（包括电子书、音视频文件、App 应用等多种载体）、发行营销方（包括各大数字出版集团、各大网站等），还有周边的版权管理方、终端设备生产方、其他网站等媒体组织等。这些组织机构都可以在一个数字平台中找到自己的入口，并在平台中交换到生产其他环节所提供的有用信息。平台的最大价值，就在于整合和交流。

（二）大数据与数据结构

大数据虽然称为"大"，但并非所有数据都有很高的使用价值。在产业链的不同环节中，不同的数据价值一定有高有低。从数据规模上来讲，大数据的基本要求是宏大。目前并没有一个绝对的数字标准来衡量大数据的"大"，大是相对于传统抽样调查数据的计算能力所能承受的数据量来说的。当然，还包括了数据形式的样式之多、数据来源的渠道之多、数据分类的类别之多等方面。大数据的特点是：（1）海量；（2）结构复杂；（3）不重因果，而重相关关系；（4）有预见作用；（5）数据分析结果的延展性。

数据结构是一个抽象的概念，大数据的数据结构是相对于传统抽样调查的数据单一结构而言的。数据结构代表的是不同数据之间存在的一种或多种特定关系的结合。两家同样每天生产 500 TB 数据的公司，不一定都算得上真正的大数据公司，关键区别在于数据结构的复杂性。数据结构越复杂，供分析的挖掘深度就越大，分析结论就会更有价值。传统的抽样调查可以统计参与调查者的性别构成、购物时间地点、购物内容过程等多种交叉信息，可得出一个调查前本没有设定的结论。但大数据可以挖掘到数据间更加深入地关联。比如沃尔玛超市曾运用大数据技术计算出年轻的父亲通常会在购买尿布时买啤酒，于是把尿布和啤酒货架放在一起增加了啤酒的销量。这样的结果表示的不是因果关系，而是一种相关关系，也就是说只知道 A 现象引起了 B 现象，但其中的原因并不清楚。

大数据的这种功能得益于其数据的庞大和统计算法的科学性，但并不是说把任何数据放在一起，能算出关联，而是需要在结构上进行精心设计。数据关联度也是数据结构设计的影响因素之一。在数字出版平台中，数据关联度是由其平台自身的辐射广度决定的。数据关联度有表面的直接相关，也有潜在的隐性相关。不管怎样关联，其核心就是用户本身。用户所需的、用户所想的、用户所做的，就是关联度最高的核心数据。

大数据的核心意义在于其预见作用。在传统企业的决策制定中，可用的数据我们姑且称之为经验，但大数据技术出现后，我们可以将过去无法统计计算的非结构化数据进行关联，把所谓的"经验"具象化，以此来指导和完善决策的制定。大数据不再执迷于少数数据所能提供的精确性，而是开发了更广阔的空间。

在数字出版以其多变性黏合了众多相关企业，使之连接到数字出版平台时，数字产业链的触手延伸到了更远的地方，因此能够得到更多、更全面的数据资源。在数字出版平台横向一体化战略中，大数据技术用在其时，终将改变数字出版的生产模式，重构数字出版平台的盈利模式。

二、数字出版平台大数据来源

（一）结构化数据

结构化数据指的是数字、符号这一类信息，它便于存储和统计。这是最为传统的数据，由于计算能力的限制，结构化数据长期全权占领数字统计领域。

（二）非结构化数据

相对于结构化数据而言，不方便用数据库二维逻辑表来表现的数据就是非结构化数据，包括文档、图片、XML、HTML、各类报表、图像和音视频信息等等。这些数据难以检索，但如今类似视频抽帧检索技术等的出现为更好地处理非结构化数据提供了有力支持。这些数据在未来会发挥更加重要的价值。

（三）社交数据

社交数据来自社会化媒体，这些展现个人情感情绪信息的个人社交平台是所有行业在当下商业环境中都必须重视的数据提供方。用户的社交信息、关系网络和用户间的互动关系是数字出版平台非常需要的社交数据。例如淘宝与新浪微博的战略合作，除了开发新的广告展示位之外，更重要的是获取中国最广大的活跃社交媒体之一的海量用户数据。这些数据是最贴近受众的消费指针。

（四）其他

被大数据研究者舍恩·伯格称为"数据废气"的用户在线交互的副产品，包括用户停留的页面、停留时间、输入了哪些信息、鼠标指示轨迹等等，这些信息都隐含着用户的消费轨迹和倾向，是被忽略的数据财富。

综上所述，大数据的来源有千千万万，这就为数据结构设计提供了许多方面的素材。不同种类数据信息的相互整合能够创造完全无法预估的真正价值。而在数字出版平台中达到这样的良性效果，最重要的就是平台各方之间的互相合作。

三、数字出版平台大数据结构设置

从内容制作、发行营销、实际消费，到最后的信息反馈，整个出版流程的各个环节都布满了大量的数据。其中有与参与者直接相关的结构数据，包括姓名、身份证号码、银行信息、消费调查、销售业绩等，也有社会化媒体带来的海量和繁杂的信息。在传统的数据统计中，看似没有逻辑关联的非结构化数据被看作是冗余的，而今在大数据技术下发挥了巨大潜能，尤其在广告的精准投放上已经得到了一定的成效。而如何搜集到数字出版流程每一环节所需的数据资料，并使得产业链构建，实现所辐射到的企业、机构、部门一体化，是大数据生产面临的第一个难题。

（一）内容制作

首先是由职业人员完成传统出版中的内容制作。专业制作的文化产品数字化后，成为了数字出版内容的重要来源。这些制作者的作品、收益、工作习惯等也构成了内容制作数据的一部分。

其次是半专业内容制作资源。随着网络技术的发展，一些民营出版机构和自组合的出版团体借着数字网络平台茁壮成长。他们有组织有规划，有线上线下的活动举办，部分还有广告收入。类似豆瓣小站、人人小站、微刊、自做App等媒介平台的出现，都是自出版团体的沃土，丰富了出版内容资源，满足了消费者繁复多变的消费需求。这些平台的访问、浏览、互动数据，也是数字出版的内容制作的重要数据来源。

最后是以UGC模式为主的网站。类似优酷网、花瓣网、唱吧等网络媒介，也成为当下数字出版内容制作一环中最活跃的组成部分。用户发布的时间、频率、数量、内容分类、偏好、关注度、转发量等都是重要的数据资源。由于发布信息人"传者"与"受者"的双重身份，使得这些数据更为贴近用户和消费者，能够更加客观真实地反映受众的喜好。

数字出版平台的交互性和多模式，为数字出版的内容制作数据扩充了数量并扩大了范围。这些数据涵盖了传统图书报刊音像单位、网络内容发布、移动终端App等多种不同媒体，辐射到的相关企业机构和团体也更广泛。

（二）发行营销

数字出版的发行渠道主要集中于网络，包括固定网络及移动网络。亚马逊电子书店入驻中国，多看阅读、豆瓣阅读、网易云阅读等纷纷上线，争先发行数字化的出版物及自己的特色产品。以社会化网站为主的固定网络和以 App 为主的移动网络渠道构成了数字出版发行的主要支架。这些不同的发布渠道适用于不同的受众群体，连接了线上与线下。

此外，个人社交媒体也是数字出版发行营销的重要战场。在各大网站及 App 的服务中，都有"转发""分享"这类功能，它们的巨大商业价值正在被慢慢开发出来。微博、微信朋友圈、豆瓣、人人等平台利用了社交媒体平台的交互性和口碑营销优势，集合了大量的用户个人非结构化数据，包含了用户的关系网、偏好、需求、状态、心情等多种信息。这些数据，尤其是关系网分享数据是发行营销中衡量产品好评度的最好标尺。这些活跃数据的存在，使发行营销这一环节的链条分布得更长，与网络媒体有更多的合作机会可寻。

（三）实际消费

消费者在线购买出版物是一种常见的消费形式。各大电子商务平台及出版机构自有的出售渠道，都可以集合消费者的消费行为信息。这些消费者购买行为产生当下所出现的数据信息，包括消费时间、地域、金额、付款方式、银行业务等，都是对出版企业销售极其重要的信息。它所涉及的不仅仅是出版机构，还有第三方电商售卖平台和线上付款机构。把出版机构、第三方出售平台、线上付款机构这三方的数据整合到一起才能组成完整的消费行为实施当下所产生的有价值的数据。因此，这三方间的数据互通合作就显得极为重要。

除了购买动作实施当下所产生的数据外，消费者购买前的浏览行为所产生的数据也是十分重要的。这些数据构建的是消费者的购买倾向和偏好。如淘宝网在 2010 年宣布对全球开放数据后，推出"淘宝指数""数据魔方"等大数据产品能够搜集到的就包括消费者的收藏夹信息、消费者在淘宝网站浏览的 Cookies（储存在用户本地终端上的数据）痕迹等消费方式数据。这些数据产生在购买行为之前，信息轨迹描绘了消费者购买前的思考过程。通过对这些数据的分析，能够计算出用户的消费习惯、喜好，从而对下一步的商业活动有所指示。在数字出版中也一样，出版物发行者与产品出售者能够搜集到的用户的注意力数据，对出版物的生产和销售都有很大价值，而它所涵盖的主要数据主体就是出版物发行方和出版物售卖方。

（四）信息反馈

传统出版服务一般终止于图书售卖到消费者手中。如今新媒体的高速发展给出版产业的后续服务创造了许多途径和机会，其中最重要的就是信息反馈的搜集整理。在我国出版业中，应该专门建立搜集反馈信息的服务机构，把它作为未来出版流程中必要的一个环节。目前国内现有的一些销售反馈服务有：一些图书印有二维码，消费者可以扫描后进入微信客服，除了退换货等基本售后服务外，还可以反馈额外所需服务信息，如及时获取新书发布消息、进行读编互动等。例如，多看电子阅读开发了读者反馈、纠错、更新的功能，让读者参与到生产过程之中；豆瓣网的豆瓣同城活动把消费者从线上引到线下来，在消费者亲身参与活动，宣传推广的同时保留互动信息，积累活动数据。消费者行为信息的大量整合，通过大数据技术的分析，能够指导出版企业未来的选题策划和市场投放。从某种意义上说，消费者数据才是产业的最大资源。

总的来说，把数字出版的流程细细拆分，每一环节所覆盖的都不仅仅是出版机构自身，其所辐射到的行业和领域十分广泛，跨行业跨部门间的数据交流和合作自然成为了亟待解决的问题。因此，数据来源的多样化使得横向一体化战略成为数字出版平台向前快速发展、提高效益的重要战略。

四、大数据结构开发障碍

（一）数据安全

个人信息的隐私保护是大数据技术出现后，始终伴随的安全隐患。有些美国企业采取了用户自主选择是否让媒体搜集信息的选项，如果用户选择拒绝被搜集信息，那么媒体提供的基于大数据搜集的各种服务将会无法享受。在大数据时代，隐私拥有者对个人信息的保护能力基本为零，拒绝提供信息就意味着拒绝使用诸多先进的和便利的数字化服务，这对用户来说并不现实。因此舍恩·伯格在《大数据时代》一书中提出了一种更为有效的方法：个人隐私保护，从个人许可到让数据使用者承担责任，监管机制可以决定不同种类的个人数据必须删除的时间。再利用的时间框架则取决于数据内在风险和社会价值观的不同。数据安全责任的承担方从提供数据的消费者本身转移到了使用和数据管理者，当有问题出现时能够有较为完善的监管机制进行管理。这是目前看来最为可行的一种安全保护措施。

（二）数据技术

大数据由于其海量的特性和数据结构的多层级性，对数据存储、管理提出了更高的技术挑战。如果说云存储等技术可以比较好地解决这些问题，但是还存在着技术要求更高的数据分析与数据可视化问题。我们对于数据的应用已经习惯了过去抽样调查的"假设—验证"逻辑，一个问题对应一个答案，一个答案揭示一个现象。但是大数据多方数据库的相互整合，多个数据类别构成复杂的数据层级，使得数据分析结果存在更多的惊喜和意外收获。但需要专业的数据人才运用这些数据库得到理想的分析结果。而一份好的数据分析更需要好的可视化效果展现在使用者面前，才能物尽其用。淘宝网的"淘宝指数"是面向C2C交易双方的，它的数据可视化通俗易懂且有趣有个性，是国内数据可视化的一个很好的范例。

（三）数据壁垒

在美国，大数据技术风靡后，数据成为一种公共的、可分享的开放性资源。上至国家政府机构、下到 Twitter、Facebook 等个人信息发布平台，大量数据信息是开放的。因为他们意识到，在大数据背景下，数据的互通能够打造一种多赢的局面。然而在我国，行业间存在很强的数据壁垒，而且还很严重，企业各个机构之间也存在着一定的壁垒。阿里巴巴集团在 2013 年重构了 25 个事业部，它的收购计划遍布互联网的各方各面，以收购形式获取产业链触手能够触及到的所有相关行业的行业数据来充实阿里巴巴的强大数据后盾。而在我国出版业，首先是不存在像阿里巴巴集团这样实力雄厚的企业，另外各行业机构还没有更新大数据思维，对数据互通的益处认识得不够深刻。

小　结

综合来说，在数字出版作为平台角色出现时，大数据技术起到的是一种黏合剂的作用，黏合了平台各方构成的产业链中所能容纳、辐射到的所有行业、部门、企业、机构。而其中最重要的就是数据结构的安排，也就是说把什么样的数据关联在一起找到它们的内在关系。通过技术分析把这种结构的关联和结合变得不止单层相加的那么简单，深化合作，以此来彻底改变传统的生产方式和内在商业逻辑。

人们常说，通过 6 个人的关系就能找到世界上的任何一人。而在大数据的世界中，通过数据结构的设置，大概不到 6 步就已经能够发现两种完全看不出联系的现象之间的显性规律，并以此来创造真正的商机。这才是大数据的真正价值。大数据出版平台中，我们更需要这样富有想象力和内涵的数据结构思维，使产业获得良性发展。

社群经济视域下移动阅读 APP 的出版转向研究

崔恒勇 王 哲

【摘 要】随着移动互联网技术的广泛应用,大众阅读媒介与消费方式也在发生变化,这为移动阅读 App 产业的迅速崛起提供了市场机遇。与此同时,功能与需求不断垂直分化的社群消费也在潜移默化移动阅读 App 的出版模式。文章客观分析了当前我国移动阅读 App 产业的发展瓶颈,并以社群经济的视角探索研究移动阅读 App 产业在社交化、服务化与生态化等方面的出版转向。

【关键词】社群经济 移动阅读 出版转向

移动互联网的高速发展在丰富媒体形式与功能的同时,也在不断地改变着人们的阅读需求和消费方式。经过传统纸质书、电子书到网络阅读等发展阶段后,出版产业迎来了移动阅读时代。

一、移动阅读 App 的发展现状

伴随着移动网络技术的迭代更替，我国移动阅读的发展先后经历了探索期（2003—2007 年）、成长期（2008—2010 年）、爆发期（2011—2018 年）与成熟期（2019 年至今）四个阶段。

我国移动阅读的探索期主要集中在 3G 网络技术应用之前。2003 年，随着无线网络技术的发展，移动阅读 WAP（无线应用协议）网站开始上线运营，作为移动通信增值服务业务的移动阅读产业初现萌芽，涌入城市化建设的流动群体成为这一时期的主要用户；随着汉王、Kindle 等电子书阅读器的普及，移动阅读方式得到了丰富。2008 年，随着第三代移动通信（3G）牌照的发放，移动阅读业务成为国内三大运营商增值业务拓展的主战场，中国移动手机阅读、中国联通沃阅读、中国电信天翼阅读先后建立，并开始海量购入图书的数字版权，深耕移动阅读市场，同时也催生了一批以盛大文学为代表的网络文学阅读与写作平台，和以掌阅为代表的移动阅读分发平台，移动阅读产业迎来快速成长期。2011 年前后，随着苹果的 Book Store 和 App Store 先后进入中国市场，移动阅读产业迎来爆发期，出版实体、通信运营商、网络平台等开始发力移动阅读 App 市场，尤其是以 BAT（百度、阿里巴巴、腾讯）为代表的互联网头部企业开始布局移动阅读产业。2014 年，整合了"纵横中文网""91 熊猫看书"的百度文学成立；2015 年，腾讯文学与盛大文学合并成立阅文集团；同年，阿里巴巴文化娱乐集团推出阿里文学业务。随着国家对网络文学版权的规范化治理、移动阅读 App 头部市场的投融资重组整合完毕以及用户付费模式的培养，移动阅读 App 市场逐渐步入成熟期。

经过十余年的快速发展，我国移动阅读产业在用户和市场规模等方面取得了显著的成果。目前，移动阅读 App 市场已经基本形成以 BAT 等互联网巨头为支撑的阅文集团、阿里文学、百度文学等，以传统数字阅读品牌为背景的掌阅科技、中文在线、塔读文学等，以通信运营商为依托的咪咕阅读、天翼阅读等，以电商渠道为依托的当当云阅读、Kindle 阅读、京东阅读等为代表的竞争格局。从内容形式上来看，主要包括了以掌阅、QQ 阅读为代表的电子书类 App，以喜马拉雅 FM、懒人听书为代表的有声书类 App，以腾讯动漫、有妖气为代表的漫画类 App，以得到、中读为代表的知识付费类 App 等四大类型。

移动阅读用户群体中，14—35 岁的青年群体占据 70.9%，35—60 岁的中年群体占据 27.3%；女性用户快速崛起，占整体用户规模的 41.61%；同时，新一线及以上城市的用户群体接近 50%。在日活用户数据方面，掌阅以 2042.4 万名用户高居榜首，QQ 阅读和书旗小说以 1660.9 万名用户和 1467.6 万名用户的数据分列第二、第三位。从盈利方式来看，付费阅读、版权运营、广告收入及图书出版发行等成为移动阅读 App 营收的主要来源，其中，付费阅读占移动阅读整体收入的 82.7%，版权运营以 11.7% 的份额成为移动阅读的第二大营收来源。

二、移动阅读 App 的出版困境

（一）出版内容快餐化

移动阅读的发展使大众摆脱了阅读时间与空间的桎梏，在生活节奏越来越快的当下，快餐式阅读逐渐成为大众阅读消费的主要形式。移动阅读 App 的出版内容快餐化主要表现为以下三个方面。一是出版内容浅显化。移动化阅读方式逐渐占据人们的碎片化时间，尤其在上下班和闲暇休息的碎片化时间，仓促的阅读情境和泛大众化的出版定位都使得移动阅读 App 的出版内容难以深入精致，浏览总量和用户规模导向的出版内容更加趋于浅显的"大众化"。二是出版内容娱乐化。相较于传统出版的社会化需求、群体归属需求等社会知识体系的出版定位，移动阅读 App 的娱乐化出版定位更为突出，其出版内容受泛娱乐化网络媒介生态的影响更为明显,同时,出版内容的娱乐化更有利于移动阅读 App 的流量变现。

(二) 出版平台同质化

目前,移动阅读 App 产业虽然有了相对成熟的产业链,但出版平台的同质化现象仍较为严重。首先,出版定位同质化。以网络文学为核心的移动阅读 App 都不同程度地选择了泛娱乐出版定位,将用户群体按性别、喜好等诉求分类,围绕言情、都市、动漫、玄幻、青春、宫廷等大众主题进行出版发行。其次,平台架构同质化。各大移动阅读 App 在界面设置、板块分类以及阅读服务等方面的结构大同小异,菜单栏的设置主要围绕"书架""书城(库)""精选/推荐""排行榜""发现""我的"等板块构建。其中,核心的"书城(库)"架构主要由"男生""女生""出版""漫画"等板块组成,阅读服务方面也主要是以"我的"板块的用户管理与分享互动等功能设置来架构的。最后,出版模式的同质化。移动阅读 App 目前的出版模式主要体现为渠道为王的流量出版。通过规模化地购买版权、签约头部作者等方式快速形成渠道壁垒,以流量分红、广告分成及版权转让与开发等方式构成流量经济导向的出版模式。

(三) 出版互动薄弱化

移动阅读 App 当下的运营策略主要集中在阅读版权的垄断化和创始人的品牌化等方面,如 QQ 阅读和凯叔讲故事,皆以 B2C 的单向传播方式为主,而对用户与产品之间以及垂直社群内用户之间的社交互动关注不足。一方面,移动阅读 APP 既有的社交方式流于形式。"用户积分等级""书友圈""签到""书评广场"等社交功能的设置虽然已成为移动阅读 App 平台的社交标配,但没有抓住出版社交的本质,未能实现出版物的社交价值和书评二次创作的内容价值的融合互动。同时,移动阅读 App 给予用户的社交动力不足,目前多数移动阅读 App 都提供外部分享书单的功能,但对内部社群的内生社交动力缺乏有效刺激手段，无法满足出版消费群体的个体认同、群体归属、社交娱乐等方面的互动需求。另一方面，移动阅读App的互动黏性策略效果不佳。多数移动阅读App在产品功能上都设计添加了互动模块，如书评分享、摘录笔记等，但各互动策略之间难以形成关联闭环，互动内容不佳与质量较差，进而造成用户的阅读分享体验乏味，互动活跃度低，互动效果不佳。

（四）出版价值单一化

移动阅读App虽然融合了互联网的运营模式，但其出版价值的实现方式依然显得简化单一。首先，出版价值的类型传统。目前，移动阅读App的出版价值类型主要为出版物的商品化转授价值和App平台的媒体广告价值两种，这两种都属于比较传统的价值类型。而以腾讯系和阿里系媒介生态为依托的移动阅读App平台，虽然在IP生态价值的建构中初现雏形，但本质上还是以文学IP的版权转授作为IP流转的主要方式。其次，出版价值的路径简短。移动阅读App的出版价值实现方式多为节点式，如出版物的阅读消费，而围绕出版消费的价值延伸路径尚不成体系，如延伸至二次创作、书评、全媒体出版或者出版社交互动等价值实现。最后，出版价值的变现手段匮乏。移动阅读App现有的变现方式为付费阅读、版权运营、广告收入及图书出版发行等，个别App具有引流到线下变现的能力。如得到App凭借其受众的知识付费诉求和消费能力将会员引流至线下，以讲座等形式引导受众再次消费，凯叔讲故事App将其创始人的角色IP开发成系列延伸品再次销售。

三、移动阅读App的出版转向

（一）由资源型出版转向社交型出版

近几年，随着BAT等互联网巨头纷纷开始布局移动阅读产业，移动阅读 App 的资源争夺也日趋激烈。各类移动阅读 App 平台通过大规模版权购买，已完成初期粗放式发展，形成各具特色的资源型出版模式。经过几年的跑马圈地，移动阅读 App 市场已形成了以掌阅、QQ 阅读、书旗小说、咪咕阅读等为代表的头部 App 平台。然而，随着大量资本的涌入和用户付费习惯的养成，用户规模和活跃度成为评价 App 平台价值的主要指标，由卖方主导的资源型出版转向由社群主导的社交型出版是移动阅读 App 平台升级化发展的必由之路。基于社群需求侧的社交型出版回归到以用户为中心的互联网本质，建构可视化的社群用户动态数据模型，将"泛大众化"的用户策略精细至垂直交叉社群，不仅能够更精准地将用户需求类型分层，还能制定更有效的用户黏性策略，更好地满足用户包括角色化塑造、群体归属等在内的深层情感需求。社交型出版在适应泛娱乐化媒介生态需求的同时，也能够重塑出版社交的本质，即价值体系的自我建构与知识体系的互动交流。

（二）由商品型出版转向服务型出版

现有移动阅读 App 平台的主要盈利模式还是围绕着出版品的阅读消费变现来建构的，不论是策略上的免费阅读，还是包月收费、按章节收费等，其本质上还是商品型出版经营模式。在移动阅读 App 市场竞争格局基本饱和成形的背景下，以商品售卖为主的盈利方式已无法满足投资资本主导的移动阅读产业利益诉求；另一方面移动阅读市场经过十多年的发展，在不断累积庞大用户的同时，垂直分化的阅读群落也正在形成，以社群为中心的服务型出版模式成为移动阅读市场拓展盈利路径的重要方向。由传统的出版品流转型出版模式转向以垂直社群用户为中心的服务型出版模式，以社群的社交深度和广度来拓展移动阅读的出版服务领域，构建多维出版的社交化、娱乐化、知识化、IP 化等服务体系，延伸移动阅读的消费路径，满足用户在社群中的角色扮演、群体归属以及社交娱乐等需求。

(三) 由渠道型出版转向生态型出版

移动阅读产业目前的出版模式主要是以移动阅读 App 平台为核心的渠道导向型出版，其生产运营方式是以传统线性结构为主的产业链形式。移动阅读 App 既是内容提供商与阅读消费者的桥梁，同时也是出版阅读价值实现的载体。随着网络媒介功能的演进与生态体系的建构，移动阅读 App 的出版模式也必然由渠道型出版向生态型出版转变。移动阅读 App 的出版生态不仅包含了以 IP 为核心的内容生态，同时也包含了以用户为中心的社群生态及以服务为核心的媒介生态。在移动阅读 App 的内容生态方面主要从内容形式（如网络小说、有声读物、AR/VR 读物等）、内容用途（如资讯、知识付费、娱乐等）与内容领域（如健康、教育、科普等）三个维度进行拓展建构；在移动阅读 App 的社群生态方面主要从社群用户结构和社群社交动力两方面来推进；而在移动阅读 App 的媒介生态方面主要从社群生态的伴生性与出版传播的价值性两个维度进行外向延伸融合。

移动阅读 App 市场在媒介生态化与社群社交化的双重驱动下，其出版模式也由传统的资源型、商品型、渠道型的出版模式转向以社交型、服务型、生态型为典型特征的出版模式。这种转向不仅是摆脱目前出版内容的运营瓶颈，同时也是突破出版价值变现困境的必然选择。

● 参考文献

[1] 罗慧莹. 全民阅读，悦享全民——关于"倡导全民阅读"政策的探析 [J]. 新闻研究导刊, 2015 (15)：243-244.

[2] 崔颖. 移动阅读 APP 对图书馆建设的影响与建议 [J]. 科技风, 2018 (13)：58.

[3] 吕尚彬, 邓良柳. 垂直社区移动阅读 APP 运营策略 [J]. 编辑之友, 2019 (4)：36-39.

[4] 李靓. 社群经济下传统期刊的创新路径研究 [J]. 出版科学, 2017 (4): 69-72.

[5] 田薇箐. 移动阅读 APP 的发展趋势分析 [J]. 内蒙古科技与经济, 2018 (14): 72-74.

[6] 李清霞. 移动阅读 APP 的发展模式研究——基于国内五大阅读类 APPs 的对比分析 [D]. 沈阳: 辽宁大学, 2016.

[7] 崔雨晴. 网络社群参与对个体社区归属感影响的实证研究 [J]. 东南传播, 2017 (4): 44-47.

即时、伴生、交互、联动：终端侧智能出版创新

崔恒勇　高正熙

【摘　要】随着移动互联网、大数据以及云计算技术的快速发展，人工智能产业也加快了与出版传媒产业融合共生的步伐。在媒体融合的时代背景下，围绕垂直用户群体建构基于终端侧的智能出版创新模式，不仅能够优化出版传媒的生产加工流程，同时也能充分利用人工智能的技术优势，实现用户需求的精准伴生画像、媒体终端的情境感知互动以及终端多屏生态联动出版等终端侧的智能出版创新。

【关键词】融媒体　终端侧　智能出版

引 言

自 2017 年 7 月国务院发布《新一代人工智能发展规划》以来，我国人工智能产业迎来井喷式发展，微软、谷歌、百度、阿里巴巴等国内外科技巨头纷纷加入人工智能产业布局的行列，人工智能也在加快与传统产业进行深度融合。就出版传媒行业而言，智能出版正成为出版创新驱动的新动能。

一、智能出版的发展概述

经过 60 多年的发展演进，人工智能已从单向度智能应答向复合智能应用发展过渡，特别是在移动互联网、大数据、云计算以及脑科学等新理论技术的驱动下，人工智能迎来了第三次发展浪潮。此轮的人工智能浪潮主要体现在以大数据、计算力和算法框架为核心的基础层，以计算机视觉、语音识别和自然语言处理为核心的技术层以及智慧交通、智慧金融、智慧医疗为代表的应用层三个层面的技术发展与应用。大数据驱动的知识学习、跨媒体认知推理、人机协同融合、基于网络与数据的群体智能等成为新一轮人工智能的发展特点。人工智能作为全球新一轮产业变革的核心驱动力，将进一步释放互联网时代下科技革命所带来的巨大经济效益，重构各产业的生产、交换、消费等各个环节，形成新的发展驱动引擎，并融合催生出新技术、新业态、新模式，颠覆大众的生产生活和思维模式。尤其在知识服务方面，未来几年人工智能将优先解决资源分配失调、生产效率低下等行业突出的痛点。

人工智能技术的应用前景已给出版业带来了足够的欣喜与期待，从机器写作、数据决策到定向分发，人工智能技术的发展与成熟为智能出版的形成发展创造了良好的技术基础。智能出版实现了对数字出版的流程再造，由"编、校、审、印、发"等环节的机械数字化转向协同一体的智能数字化，智能出版将是传统数字出版之后的新业态。目前智能出版的应用成果主要集中在出版生产流程的优化与创新方面，人工智能对出版流程的最大启迪在于适时地构建了一套自动化、智能化、系统化的出版流程。在出版导向与选题策划方面，智能出版依托云端平台对海量出版行业与用户消费等数据进行抓取挖掘，并结合自身出版优势协助决策者确定相关出版选题；在内容生产与提供方面，智能出版借助人工智能技术整合与选题相关的内容数据资源，形成出版内容数据库。通过对数据库中的海量词条进行多次整理和反复迭代学习，基于神经网络和复杂算法的类人脑机器可以迅速而高产地编制出需要出版的内容；在编辑、审校和制作方面，一些文献查证、数据核验、敏感词排查等基础繁琐的工作可以由机器来完成，编辑人员可以对出版内容的创作品质和内容逻辑进行把关；在发行与市场推广方面，云端的智能化为智能出版提供了全面的市场营销数据保障，使得智能出版能够进一步针对用户进行精准推送；同时支撑传统出版业务和数字出版业务在出版流程等方面的深度融合与优化，为用户提供品质更好的出版服务，为出版者创造更好的经济利益。

相较于面向人工智能基础层和技术层的融合发展而言，面向终端应用层的智能出版能更有效扩展出版需求、增强用户黏性和满意度、提升出版消费，更符合其大众消费的行业属性。基于终端侧的智能出版使得用户画像更加多维精准，同时也打通了用户个体、关联群体与出版主体间的数据壁垒，实现出版生产与出版需求的平台一体化；基于终端侧的智能出版将出版活动融入日常场景中去，基于终端情境感知与交互，不仅极大地拓宽和延伸了出版需求领域，同时也使出版更加具有人的温度；基于终端侧的智能出版是以用户为中心，面向个体的时空维度，满足用户的成长需求、社会塑造、群体认同等多维需求的跨屏联动式的生态型出版。终端侧智能出版真正实现个体与群体、用户与内容的认知协调，实现了以需求感知导向的"自我出版"。

二、终端侧智能出版的特征

基于用户终端的全流程"下沉式"智能出版旨在真正地全方位了解用户需求,为用户提供基于时空维度的伴生型即时出版服务。这种面向用户群体的前向一体化智能出版模式的特征主要表现为以下四个方面。

(一)用户数据体系化

终端侧智能出版的发展根基是体系化的用户数据,而数据的背后则是人。用户数据的多维化、动态化、策略化是实现终端侧智能出版用户精准画像的三个重要方面。相较于传统出版主体的"本位化"出版模式,基于终端侧的多维化用户数据主要采集目标用户的多维化角色需求及空间需求等方面的数据,如职业角色、母亲角色、工作空间、亲子空间等。该数据体系能够实时有效掌握用户的偏好数据、行为数据、消费数据等,为满足用户多维度实时的信息出版需求提供了数据保障。相较于以往的静态节点型出版数据,基于终端侧的动态化用户数据主要采集目标用户的时间维度需求,包括短周期的上班下班、作息起居需求,长周期的个人成长需求等。该数据体系能够在用户的时间轴上持续不断地累积用户相关数据,通过建构动态化的群体共性出版需求模型和个体个性出版需求模型,为用户个体提供相应的预见控制、回顾控制等智能出版服务。相较于现有的无序化小群体用户数据分析,终端侧智能出版的数据体系是以策略化模型建构为前提的,一方面能够精准有效地搜集整理用户数据,并即时加权决策,另一方面也为智能出版的加工生产流程提供实时可靠依据。用户数据的体系化是终端侧智能出版的核心特征,也是其创新应用的前提。

(二)出版生产即时化

相较于传统出版的生产加工模式,现阶段的智能化出版已能够在选题策划、审校纠错、排版制作等方面实现大数据运算及智能加工等功能。围绕出版行业与用户消费等体系化的数据建构能够实时地反映相关出版领域的新动向、新热点，并为出版的选题策划提供出版可行性、出版内容形式的优劣势、出版效果预期等数据支持，为相关智能化出版决策提供强有力的数据保障。智能出版中大数据智能、群体智能、自然语言处理等技术理论的深度应用，不仅能将审校人员从烦琐而庞杂的基础工作中解放出来，而且其在批量处理、低容错率等方面的优势能够极大地缩短出版流程的周期，为智能出版的即时化生产提供运算加工支持。图像自动识别、语音交互、深度学习、知识图谱生成等技术在出版领域的深度融合，能够为用户个体提供个性化且"有温度"的出版内容，同时也打破了单向出版的知识壁垒性，为智能出版建构以用户为中心的多元化知识服务体系拓展了思路。智能发行的核心任务已由传统图书的渠道发行转向了数字出版与出版服务的价值实现，其构成要素主要包括优化完善出版内容供给、提升出版消费质量、统计分析、个性化推荐和精准投递推送等。基于终端侧的智能出版能够在终端体系化数据的支持下进行云端选、编、校、制等一体化出版生产，并能实现出版需求的即时响应。

（三）出版智能个性化

终端侧智能出版源于终端用户的精准画像，同时也服务于终端个体的个性化出版需求。出版智能的个性化是终端侧智能出版的优势体现，同时也是终端侧智能出版的策略依据。终端侧智能出版的个性化主要体现在个性化镜像、个性化情境及个性化目标三个方面。终端侧智能出版的个性化镜像是指借助终端用户的多维动态数据模型，利用人工智能突出的机器学习算法和深度神经网络技术，终端侧智能出版系统得以模拟用户的角色特点、行为喜好、消费习惯等个体数据，并延伸用户的多维角色关联特征，体系化镜像用户的个性化出版需求；终端侧智能出版的个性化情境是指依据终端用户的日常行为方式和角色轨迹特征，借助终端媒介入口数据的智能认知计算，构建用户个性化的终端情境感知与人机情境互动，实时分析用户的时空情境特征，结合用户的行为心理与消费习惯，及时作出出版响应，为用户提供适时适景的出版服务；终端侧智能出版的个性化目标是指以用户日常的智能出版活动数据为样本，参照云端同类数据样本群完成实时的比对优化，运用群体智能技术为用户建构基于时空维度上的个性化动态出版消费目标，既能满足用户对于自我认同的个性化出版消费需求，同时也能满足其对于群体归属的个性化出版消费需求。

（四）出版服务多元化

终端侧智能出版的核心任务是以用户个体为中心，建构终端联屏的出版生态，满足用户多维度出版需求的新型出版模式。出版服务的多元化不仅是终端侧智能出版的优势特征，同时也是其终极目标。出版服务多元化主要体现在服务内容、服务形式及服务功能的多元化。在出版服务内容的多元化方面，终端侧智能出版除了提供常规的电子书、有声读物、资讯阅读、音像、游戏等数字出版物之外，也能针对用户的职业需求、角色需求、生活需求等个体多维需求提供多元化的出版内容服务，如技能出版、育儿出版、美食出版等；在出版服务形式的多元化方面，终端侧智能出版不仅能够提供出版品、社交互动等服务形式，还能够基于用户的动态数据模型为其提供情境交互、情感交流、智能辅导、心理矫治等服务；在出版服务功能的多元化方面，终端侧智能出版除了延续了传统数字出版的文化传播功能、教化功能、娱乐功能和社交功能外，也借助群体智能等技术优势为用户提供自我塑造功能、社会归属功能、健康辅助功能等个体成长与社会化过程中的出版功能需求。

三、融媒体背景下终端侧智能出版应用

基于终端的智能出版在用户数据的价值挖掘、时空维度的情境感知与即时出版响应等方面的优势，不仅能够有效地提升出版服务的品质，拓展用户的消费广度，而且能够在媒介融合技术的背景下为用户提供伴生型、交互型、联动型的复合智能出版新模式。

（一）基于用户精准画像的伴生型智能出版

终端侧智能出版的用户精准画像是对用户的日常行为活动的体系化数据模型建构，其具有的多维化、动态化及策略化的数据价值为技术层的加工生产提供实时数据决策依据，为实现用户的伴生型智能出版提供了基础保障。终端侧智能出版的伴生型出版主要包含以下三个维度：首先是基于个体成长的时间维度伴生出版，作为社会中的个体，用户在时间轴上的成长轨迹具有普遍性和连续性，依据群体样本数据的参照系，为用户提供成长过程中的动态出版内容体系，在教育、心理、娱乐及健康等领域为用户提供可预见、可控制的规划型伴生出版；其次是基于个体活动的空间维度伴生出版，用户在日常社会活动中，以其移动终端为信息认识与交互入口，通过图像识别、语音识别、机器学习等感知与认知智能技术，为用户提供不同空间维度的个性化需求响应，在出行、安全、居家等空间中提供可实时认知互动的伴生型出版；最后是基于个体关系的角色维度伴生出版，社会个体在不同阶段具有不同的角色属性，其相互关联的角色诉求也有所区别，依据用户关联数据模型，通过分布式计算与深度神经网络等技术，为用户提供不同角色关系中的出版内容，在育儿、养老、职场、社交等领域提供角色准确的伴生出版。

（二）基于终端情境感知的交互型智能出版

终端侧智能出版的突出优势是基于终端的情境感知，即通过终端入口获取用户主体与客观场景的融合感知，包括与用户相关的角色感知、情绪感知、活动感知、环境感知等。而基于终端情境感知的智能出版也为实现智能交互出版提供了客观的算法模型，其交互的维度主要包括内容维度的交互出版、情感维度的交互出版和角色维度的交互出版等。内容维度的交互出版主要依据用户的实时空间环境数据，比照以往的用户角色及消费喜好等数据模型，为用户提供相应及时的知识信息等交互出版内容，如终端媒体感知用户在就餐时段厨房空间中的相应活动，并依据其以往用户行为数据为其提供美食烹饪等出版内容。情感维度的交互出版主要依据终端媒体对用户在实时空间的行为特点与生理指标等数据分析感知用户的情绪状况，如紧张、恐惧、开心等，并为用户提供及时的正负功能强化的交互出版服务，例如通过车载媒体终端感知到用户的紧张情绪时，可通过播放一些舒缓的音乐歌曲来缓解用户的焦虑情绪。角色维度的交互出版主要依据用户的角色属性与日常的个体行为模型数据，通过云端的同类角色群体的行为模型数据库比对优化，为用户在角色社交活动中提供相应的交互出版服务，并为用户角色的认知与行为偏差提供矫正出版服务。

（三）基于终端多屏生态的联动型智能出版

终端侧智能出版的终端媒介并非单一固定的移动终端，而是基于用户活动轨迹的跨屏联动、多屏联动、终端生态联动的智能出版模式。终端跨屏联动型智能出版主要依据用户活动空间的变化，实现终端媒介的智能响应与智能跨屏，并提供无缝对接的跨媒介出版服务，例如用户在室内空间使用电子书阅读器阅读出版品，在移动至汽车空间内时，可实现车载媒体的智能响应，并自动切换成有声读物；终端多屏联动型智能出版主要依据用户活动内容的属性不同，实现用户数据模型分类共享，建构用户终端的多屏联动模式，并完成关联内容的延伸出版，例如白天用户在视频媒体中观赏了美食类节目，并对其中菜品产生了喜爱，晚上当用户移动至厨房空间时，终端媒体会智能推送该菜品制作的出版内容；终端生态联动型智能出版主要是围绕用户的角色、行为、喜好、需求等多维数据，建构优化用户的出版需求体系，同时能够为用户提供时空维度上的需求规划和自我塑造。基于终端多屏生态的联动型智能出版是终端侧智能出版的数据保障与核心特色。

小　结

终端侧智能出版是人工智能技术与出版业融合发展的重点方向，它既符合了出版业大众传播的行业属性，也满足了用户个体的个性化需求。终端侧智能出版真正体现了以用户为中心的出版运营模式，将出版服务融入个人的成长活动轨迹之中，不仅拓展了出版消费的深度与广度，同时也将出版服务的社会价值提升到新的高度。在媒体融合的时代背景下，终端侧智能出版为出版业的转型升级提供了新的应用思路。

◉ 参考文献

[1] 范军，陈川. 人工智能在欧美学术出版领域的应用及其启示 [J]. 河南大学学报，2020（1）：144-149.

[2] 唐学贵. 智能化，引领出版融合创新发展 [J]. 出版广角，2019（18）：21-23.

[3] 杨铮，刘麟霄. 人工智能环境下的出版流程重塑与内容生产革新 [J]. 编辑之友，2019（11）：13-17.

[4] 张弛. 大数据时代中国出版产业链的重构 [D]. 武汉：华中科技大学，2015：179.

[5] 胡正荣. 传统媒体与新兴媒体融合的关键与路径 [J]. 新闻与写作，2015（5）：22-26.

[6] 李其名，姚君喜. 工业 4.0 时代智能化出版发展路径 [J]. 出版科学，2017（5）：58-61.

[7] 袁舒婕. 出版是否要步入人工智能新时代？[N]. 中国新闻出版广电报，2017-12-28.

［8］牟智佳. 学习者数据肖像支撑下的个性化学习路径破解——学习计算的价值赋予［J］. 远程教育杂志，2016（6）：11-19.

［9］何清，李宁，罗文娟，等. 大数据下的机器学习算法综述［J］. 模式识别与人工智能，2014（4）：327-336.

融媒体视域下视频书的出版创新研究

崔恒勇

【摘　要】 随着互联网技术的应用与普及，新兴媒体与传统媒体在相互冲突与自我颠覆中迎来了重构与融合。媒体融合为出版业的转型与突破带来了创新性的思路，视频书出版正是在媒体融合浪潮下所衍生出的视频媒体与传统纸媒融合的新型出版业态。虽然新兴事物的发展必然带有传统思维模式的局限性，但随着出版业对融媒体的深入理解与运用，以视频书为代表的融媒体出版必然成为出版业新的增长点。

【关键词】 融媒体　视频书　出版创新

引　言

随着互联网技术与媒体技术的融合发展，出版传媒业迎来了颠覆性的融媒体时代。音视频书等多媒体交互出版品的高速发展在丰富了传统纸质书出版消费形式的同时，也为图书出版在网络强势崛起背景下的形式创新提供了有力的媒介支持。

一、视频书的出版现状

视频书一词最早是由人民出版社总编辑辛广伟先生提出的。它是在传统纸质媒介内设置二维码链接入口，读者通过扫描二维码可以在手机终端观看关联配套的视频内容的书籍。创作主体依据图书内容的特点，利用已普及应用的入口技术，通过视频媒体的多维度情境展示相关内容。视频书是互联网时代下出版领域媒体融合应用的标志性业态，它不仅是对传统图书出版的媒介拓展和延伸，同时也是一种创新的融媒体产品，为我们打开了图书出版的创新之门。

自 2005 年我国第一家视频网站"土豆网"上线以来，视频媒体的发展经历了以优酷、爱奇艺等为代表的视频网站；以虎牙、斗鱼为代表的视频直播平台；以快手、抖音为代表的短视频平台三个主要发展阶段。近两年来，随着腾讯、阿里巴巴、今日头条等互联网公司的不断涌入，视频媒体业务的发展已成为各大传媒巨头的核心战略之一。视频媒体凭借其突出的内容和流量优势，正成为网络传媒业的最热风口。海量低成本的 PGC 视频与 UGC 视频不仅使平台保持较高的浏览量和活跃度，同时也拓展了视频内容和视频媒体平台的变现渠道。视频媒体已成为内容创意与社交媒体平台的重要传播方式和盈利渠道。视频媒体在受到资本市场热捧的同时，也在不断尝试着拓展与传统媒体的业务融合。视频书出版业态正是在传统出版业的突破转型与视频媒体平台业务延伸的双向需求背景下而形成的融媒体出版形式。

2015 年年初，由人民出版社率先提出视频书的定义与出版形式，并在中央电视台和新华网等主流媒体的支持下，制作并出版了中国第一部视频书《图解政府工作报告（2015）》。次年，人民出版社再次推出《政府工作报告（2016）》视频书，同时正式使用"视频书"这一名称。这也是政府媒体和出版界第一次确立和认可这一新兴的融媒体出版形态。视频书版的《政府工作报告》是在国务院相关部门的直接指导下制作完成，它集合了国务院研究室、人民出版社、新华社等有关部门专家在政策、内容和媒体等方面融合创新的共同成果。

《政府工作报告》视频书是基于纸质版报告文本的内容特点，结合视频媒体情景展示的优势，融合传统媒介与新兴媒介的出版形式，不仅为读者展现了丰富的图文纸质内容，同时也以二维码为媒介入口开辟了相关视频阅读，多媒体全方位表现作品内容，极大地提高了政府工作报告阅读的趣味性和有效性。继视频书《图解政府工作报告》系列受到业界一致好评之后，人民出版社又先后推出了《马克思画传》《习仲勋画传》《耿飚回忆录》《中华经典诗文诵读》等多部视频书。视频书引领了出版业媒体融合的创新模式，也开启了传统出版思维的自我变革之路，同时也是融媒体时代背景下出版传播价值优化的实践路径。

二、融媒体视域下视频书的局限性

（一）视频书的出版思维局限

视频书的巨大成功是出版界在融媒体出版方向的大胆创新，同时也突出地反映了其出版思维的局限性，具有较深的传统出版思维烙印。首先，表现为出版角色的思维局限。在已有的出版案例中，视频书严守"把关人"角色的中心地位，坚持以权威性的视角自上而下单向传播；沿袭了传统出版"内容为王"的思维理念，将出版内容作为其追求的核心价值，服务于内容的意识强于服务于用户的意识；在编印发的流程范式中，尚未完成由"出版人"的角色定位向融媒体背景下的"传媒人"的角色定位转变。其次，表现为出版模式的思维局限。目前视频书的出版模式是在传统出版流程的基础上链入视频阅读入口的延伸出版模式。在内容生产方面，坚持"版"的制式，其独立的"审编校"流程难以在较长的生产周期内与受众形成黏性互动，内容生产方式较为被动滞后；在内容发行方面，目前的视频书出版也是将其作品视为"图书—产品"的模式，主要通过规模化生产、复制和销售有形的物质产品，来实现盈利目标。最后，表现为出版消费的思维局限。不论是《中华经典诗文诵读》还是《李雷说英语》都是围绕着图书阅读的单一出版消费形式，消费活动的持续互动性较差，用户价值挖掘意识不强，媒介价值消费尚未体现，难以满足融媒体背景下共创共享的社群经济需求。

（二）视频书的媒体融合局限

融媒体时代下的视频书出版虽然已经实现了从纸质到视频的跨媒介延伸出版，但依然是在传统出版的格局内来看媒体融合，而不是以融媒体的视角来审视出版价值。在内容生产方面，视频书受制于"版"的制式，定位于"一次性出版"，而没有发挥出视频媒介的流媒体传播特性和端口平台价值，未完全站在媒介生态的角度统筹内容生产的维度和目标，实现伴生型融媒体常态出版模式。视频书出版尚未有效结合出版的权威性与视频的社交性等特点，形成伴生性多形式的出版内容策略。在内容呈现方面，视频书尚未形成以垂直目标群体为中心的多维内容黏性策略，目前视频书中的视频内容多以图解数据和动作为其融合媒介的呈现目标，未能实现 VR/AR 等媒介技术的有效融合，发挥融媒体交互功能优势，实现多形态内容共通共享。在出版效果方面，视频书还是以纸质书加二维码入口的形式单向营销，尚未充分运用融媒体的裂变式扩散特性和聚合式渠道价值，没有发挥融媒体对目标受众的多维黏性路径优势，缺乏有效的媒介互动策略，难以控制出版效果。媒体融合的局限性是限制视频书出版传播价值实现的核心体现。

（三）视频书的传播模式局限

视频书目前的传播模式是以作者为中心的自上而下单向传播模式。它主要是通过纸质图书中的二维码入口，来实现视频内容的延伸阅读。这种缺乏"温度"的链式入口，限制了视频内容的传播频次，使得视频书的阅读用户活跃度难以有效提升。目前视频书的视频内容多是对纸质内容的多媒体解读，展示内容多局限为图表解读与机械性操作等，视频传播内容对原纸质文本载体的依附性较强，对于视频流媒体在网络媒介生态下的裂变式扩散传播效果有较强的局限性。视频内容的链入与传播，其功能主要是丰富传统纸质出版内容的展示形式，在视频媒体的传播渠道价值与受众群体互动价值方面尚未形成有效的价值传播实现体系。基于传统纸质出版路径为主的传播，视频书难以有效聚集成规模的垂直受众群体，其受众的活跃度较低，互动方式难以开展，与用户的互动黏性较弱，缺乏持续有效的互动传播策略，因而难以形成可持续多维度的用户价值挖掘与变现，视频书当前的传播模式仍属于传统的被动式传播。

三、视频书的出版创新对策

（一）以用户为中心的视频书出版理念

新媒体的快速崛起逐步取代了传统权威媒体的强势地位，去中心化的全民媒体狂欢使得以用户为中心的互联网思维模式成为传媒业经营的主导理念。作为融媒体时代下的出版传媒业新业态，视频书出版应全面审视当下的媒介生态，建构与之相适应的生产运营体系。在生产方式上，围绕用户群体重构视频书价值挖掘体系，以视频书媒介为核心，多维路径建构用户出版需求的大数据分析模型，实现全产业链要素的IP开发体系，拓展融媒体交互的内容价值与社交价值延伸路径，强化视频书的流媒体与聚合平台的媒体价值。在业务形式上，由现有的出版品销售模式转向可持续的知识信息服务模式。辩证地看待出版与传播、营销与推广、用户黏性与价值实现的关系，拓展延伸用户群体数据、创作主体、视频交互媒体与知识信息内容的业务类型，实现内容、社交与媒体的价值多维伴生型的知识信息服务体系。在应用范围上，发挥视频书出版的权威性优势，拓展其在健康、教育等领域的应用；发挥视频书出版的示范性优势，拓展其在技能实践领域的应用；发挥视频书出版的时空展示优势，拓展其在地理、旅游等领域的应用；发挥视频书出版的交互性优势，拓展其在娱乐游戏等领域的应用。

（二）从相加到相融的视频书媒介标准

视频书是出版产业在媒介融合方面的创新业态形式，机械性的媒介叠加难以发挥视频书在融媒体领域的价值实现。客观审视新型媒介生态下的融媒体整合标准，转换视频书出版的主体视角，实现真正优化的媒介融合，才是出版业媒介创新升级的核心驱动力。价值标准是视频书媒介融合的执行前提。融媒体视域下的视频书出版应增强出版价值与媒体价值的有效融合，延伸出版活动的价值实现路径。以用户群体的价值挖掘为核心任务，以实现视频书出版的数据价值、信息价值、体验价值、社交价值、渠道价值以及 IP 价值为媒介融合标准，建构视频书出版的媒介选择策略。形式标准是视频书媒介融合的执行路径。新媒体的不断涌现与应用，在丰富了媒介功能的同时，也为视频书的媒介形式融合带来了多样化的组合选项。多种媒介取长补短，为视频书出版在用户群体数据获取与分析、多维度内容呈现与传播、社交互动与 IP 开发等功能上的集合与优化提供了媒介组合基础，增强了视频书出版由传统的"一次性出版"向伴生型融媒体常态出版模式转型升级的实现路径。效果标准是视频书媒介融合的执行目标。视频书出版以增强用户黏性效果、提高阅读体验效果、优化渠道传播效果为其媒介融合的核心目标。视频书的媒介融合效果是检验其媒介形式融合的基础标准，是实现媒介价值融合的重要保障。

（三）内容共创共享的视频书传播价值

在去中心化的新媒介生态体系下，视频书出版的核心任务是实现内容共创共享的价值传播。从传播者价值实现的视角来看，突出强化内容的专业性与权威性，在融媒体视域下强化视频书出版的传播属性，积极拓展视频书出版传播的内容价值、品牌价值、渠道价值等的实现路径，建构友好互联的传播环境，实现多维主动互动的传播模式。从接受者价值消费的视角来看，突出强化受众群体的主体地位，激发受众在视频书内容共创共享的互动传播中的积极性与参与感，多维建构满足其在群体认同、社交互动、自我实现等方面的内在需求，拓展视频书 UGC（用户原创内容）的传播方式与价值实现等路径，让受众真真切切地获得存在感与满足感。从视频书传播活动的视角来看，积极优化视频书的双向互动传播方式，提高用户互动频次与活跃度，提升媒介传播价值。构建共创共享的伴生性内容生产与互动方式，完善互通互融的伴生性价值传播与变现体系，实现视频书的经济效益与社会效益的有效结合。

小　结

视频书作为一种新型的出版业态，应全面客观地认识融媒体时代下视频书的突围方向，建构适应新的媒介生态环境下的视频书出版与传播体系，为融媒体出版的升级发展开辟一条创新之路。

● 参考文献

[1] 宰艳红. 视频书的出版及其意义探究［J］. 中国编辑，2018（97）：69-87.

[2] 舒晋瑜. 人民出版社推出首部老一辈革命家著作视频书［N］. 中华读书报，2017-08-02（002）.

[3] 姚君喜,刘春娟. "全媒体"概念辨析[J]. 当代传播, 2010 (6): 13-16.

[4] 仝冠军,乔先彪. 新技术与出版业的未来[J]. 出版广角, 2007 (12): 30-32.

[5] 杨中举. 全媒体传播形态下编辑的跨界意识[J]. 编辑之友, 2013 (12): 47-49.

[6] 腾讯科技频道. 跨界:开启互联网与传统行业融合新趋势[M]. 北京: 机械工业出版社, 2015: 133.

[7] 胡正荣. 传统媒体与新兴媒体融合的关键与路径[J]. 新闻与写作, 2015 (5): 22-26.

图片素材网站中的版权价值优化研究

崔恒勇　王海晨

【摘　要】 读图时代的到来，图片已经成为人类信息传播的重要载体，随着消费者对内容付费的不断适应，图片素材网站的版权价值优化探索对我国图片产业乃至创意产业的发展都具有重要而现实的意义。客观审视我国现有图片素材网站中的突出问题，探索图片素材网站中的版权价值优化维度与路径，多维度开发图片版权的服务内容、延伸图片版权的价值交易路径，强化以版权核心价值为入口的社交经济地位，不仅能够扩大图片素材网站的整体经济规模，而且能够提升其在文化创意产业中的地位。

【关键词】 图片素材　图片版权　版权交易　版权价值优化

互联网的蓬勃发展一方面造就了去中心化的多样媒介生态，另一方面也激发了信息内容的裂变式增长。随着文化创意与传媒产业的不断壮大，图片素材网站也逐渐成为内容产业的热点之一。

一、图片素材网站的发展现状

图片素材网站是指以在线形式提供图片搜索、浏览、付费下载等服务的网站，从信息论的角度而言，图片素材网站是图像信息的数据库网站，其作用是通过集体管理的授权模式，建构图片生产与消费之间的桥梁。从图片的内容属性上来看，图片素材主要分为原始摄影素材和创意设计素材两大类。原始摄影素材主要通过专业摄影师提供图片素材，以内容优质、商业性强著称；创意设计素材则主要由相关设计人员二次加工而成，其应用范围更广且交易频次更高。

图片素材的交易已有很长的历史，19世纪末，世界上第一家图片代理商正式运营，主要服务于媒体行业的新闻报道；20世纪中期，广告行业的兴起使得图片产业的运营更加规模化，直到今天凭借互联网技术所形成的全球化信息流通，图片产业的市场已经蔓延至世界的各个角落，从特定产业走向各个业态的营销活动中。从胶卷交付、磁盘交付到数字化信息的流通，其产品形态伴随着信息技术的变化而演变，而图片素材网站是图片代理商在互联网环境下所打造的新型图片交易场所，实现了从线下到线上交易场所的迁移。

我国的图片产业起步较晚，直到2000年国内首家图片素材网站Photocome才正式上线。在中国加入世界贸易组织后，市场化竞争刺激了用户对图片资源的需求，同时伴随着《著作权法》的实施加强了对版权的保护，众多图片素材网站不断涌现。早期的图片素材网站中，由外资设立的网站因为拥有优质图片素材积累以及完善的交易模式，受到了企业级用户的偏爱。本土的素材网站则经历了5年多的发展过程，从初期的摄影师资源积累到版权意识的不断加强，同时积极与国外图片代理商进行授权合作，逐渐成为国内图片市场经营的中坚力量。

目前常见的图片授权模式主要有版权管理模式、免版税使用模式和简单定价模式三类。版权管理模式也可称为特定使用范围版权模式，其授权价格主要依据最终使用的用途、地域、次数、图片大小、使用期限等因素来制定，用户也可买断相应使用权；免版税使用模式也可称为免版税金使用版权模式，其授权价格主要由图片的尺寸来制定，而不受所使用的地域、用途、使用期限和次数等因素限制；简单定价模式主要依据版权管理模式设定基本使用标准（含使用次数和使用期限等），其简化的购买流程使之成为图片素材网站的常用授权模式。

二、图片素材网站中的版权价值困境

随着网络媒体尤其是自媒体的新兴发展，各类传媒主体对图片的需求不断增加，然而图片的版权价值却在网络社交分享的旗帜下不断被侵蚀，除了受目前图片消费的版权意识因素影响外，图片的版权价值困境也是不得不面临的问题。

（一）图片素材网站的版权价值维度单一

目前大多数图片素材网站版权价值实现的横向维度较为单一，主要是以图片授权交易为其核心变现方式。这类版权价值变现的形式是以传统线下交易的思维方式为主导，将图片交易固化为"商品"交易，属于典型的理性实用型消费，如昵图网主要通过充值进行图片购买来实现其版权价值变现；国内大多数图片素材网站也衍生出会员服务，针对特定高交易频次的企业或个人用户，通过购买会员业务来获得以资源类型、有效时间等为区别的使用权限，但这些形式都没能突破简单商品贸易的传统模式。我国图片素材网站版权运营思维的局限性更深层地体现在对社交化垂直网络平台属性的认知局限上。社交化垂直网络平台中用户群体一般具有典型的群体属性和消费价值标准，用户规模和用户活跃度是网络平台核心价值转化的基础。对于图片素材网站而言，图片版权是其核心价值内容，而其价值挖掘的维度标准应以扩大用户规模和提升用户活跃度为基本评判标准,满足垂直类社群经济的基本特性。目前图片素材网站中相对单一的图片授权交易的版权价值变现方式也导致了图片产业的整体消费规模相对较小,相关平台的用户活跃度较低。围绕用户群体的垂直需求,建构多维度的垂直社交服务体系,刺激用户群体在网络平台中的社交频次和强度,挖掘用户群体的多维价值是互联网思维下垂直类网络平台的核心任务。如何拓宽图片素材网站的版权价值维度,提升用户在网络平台中的社交消费活跃度是图片素材网站摆脱其版权价值困境的主要问题。

(二) 图片素材网站的版权交易路径过短

图片素材网站的版权价值困境还体现在纵向版权交易路径过短。简单的授权定价模式在提高图片素材网站中图片商品化交易流程的同时,也制约了其版权交易路径的价值挖掘。图片产业的核心版权主要包括人身权和财产权,具体有署名权、修改权、信息网络传播权、复制权、保护作品完整权、发行权、汇编权等。作为具有角色社交化的垂直类网络平台,图片素材网站有能力承载创作主体的 IP 价值转化、图片作品、延伸出版品开发以及相关周边版权服务(如版权维权、跨媒体出版等)等完整版权交易链的路径开发。而目前我国图片素材网站的版权交易仅仅停留在图片作品转授权的单一环节。相比较其他出版产业而言,图片产业的侵权现象更为严重,相关的版权监管与维权难度更大,对于创作主体版权权益的保护难以有效实现。除此之外,图片素材网站的社交化、图片版权的产业化等因素也是制约相关版权交易路径延伸的重要因素。体系化地建构图片素材网站的版权交易路径,挖掘各交易环节的版权价值是提升图片产业整体规模的核心问题。

(三) 图片素材网站中的版权社交热度不高

图片素材网站既是图片版权价值实现的平台,同时也是以图片版权为核心的垂直社交平台。对于网络空间而言，社交入口的竞争力是网络平台价值评估的基础标准。图片素材网站版权的社交化是提高用户群体的消费黏性，保障版权价值的多维度开发，延伸版权产业链的消费路径以及实现图片社交长尾价值变现的前提。目前我国图片素材网站中的社交活跃度相对较低，相比较多数图片素材网站为企业提供的任务榜单外，花瓣网的版权社交相对较为突出，但与其他类型的社交平台相比，创作主体、平台运营商、消费群体之间的互动议程设置过于单薄，难以形成有效的话题关注度，用户的整体活跃程度相对较低。这也制约了图片版权的核心价值变现，难以与社群经济进行有效连接。国外已有通过以图片为核心内容有效链接社交需求的成功案例，图片分享 App Instagram 通过有效利用碎片化参与时间、大众化准入门槛和有效话题引导，截至 2022 年 7 月，至少吸引了达 14.4 亿用户的使用，估值近 1000 亿美元，这验证了图片内容平台同样拥有大量的议题参与及分享需求。因此通过建构多方联动的互动社交议程，满足创作主体、消费群体等多维度的版权社交需求，提高图片素材网站中的版权社交热度是提升图片产业整体规模的基础问题。

三、图片素材网站中版权价值的优化

互联网读图时代的到来，图片素材网站不仅成为图片交易的主要平台，而且也是图片版权服务多维度开发、图片版权交易路径延伸的主要平台，同样也是以版权为核心价值的社交经济的主要入口。

（一）拓宽图片素材网站中的版权价值维度

图片素材网站具有垂直社交和图片版权的双重属性，其版权价值的实现维度除目前核心的版权转授变现外，还可以通过版权业务服务价值维度和版权环境服务价值维度来进行拓展。就版权业务服务价值维度而言，围绕创作作品提供版权评估、延伸品开发、版权交易等版权业务服务；围绕消费用户提供UGC（用户生成内容）的版权确权、版权转化、消费方图片版权深度加工等版权业务服务。就版权环境服务价值维度而言，围绕版权交易活动提供版权监管、版权仲裁、版权维权等版权环境服务；围绕创作主体提供包括平台分频道专区、品牌化建设、作品创作价值趋势咨询服务等版权环境服务；建立基于创作主体的角色特质与用户群体社交期待匹配的、以图版版权为核心价值的、多媒体议程互动的版权环境，充分利用网络平台的互动社交环境，将图片素材网站的价值服务定位由传统的交易场所转向版权文化服务社区。

（二）延伸图片素材网站中的版权交易路径

单一版权转授的盈利模式是制约图片素材网站版权价值优化的主要因素。图片素材网站是以图片生产者、平台方以及消费群体三方为主体要素的垂直社交平台，充分挖掘图片素材网站的版权内容价值和版权社交价值，建构以图片版权为核心的IP全业态链开发，从产业链的纵向角度延伸其版权交易路径是实现图片素材网站版权价值优化的基础保障。围绕创作主体进行角色IP的品牌化开发，提升其版权价值实现的溢价空间；围绕图片内容进行价值功能的挖掘，除图片版权外，可拓展图片关联阅读、图片内容社交等，在普及图片价值的同时也带动了关联图片的长尾价值消费；围绕图片延伸品开发可挖掘系列图片的版权价值，将图片的版权交易延伸至图片作品的版权消费，并结合创作主体的角色IP进行跨平台跨媒体的出版品开发。

（三）提升图片素材网站中的版权社交价值

与其他网络平台一样，图片素材网站的核心任务是围绕用户群体进行价值挖掘，而社交互动是实现用户群体价值的主要途径。建构以创作主体、平台运营商以及消费群体为主体的社交体系，以图片版权为核心提升图片素材网站的版权社交价值是实现其版权价值优化的核心保障。基于图片素材网站版权服务维度的拓宽、版权交易路径的延伸，其版权社交的议程设置更加灵活，版权社交的价值实现维度也相应拓宽。提升图片素材网站中的版权社交价值主要通过社交内容价值、社交数据价值和社交入口价值三个途径来实现。就社交内容价值而言，通过延展版权内容的形式与功能，可有效提升议程互动的引导效果，强化社交互动的角色标签，激发用户群体的社交强度与频次；就社交数据价值而言，围绕以图片版权为核心社交互动，有效提高用户群体的活跃度，从而能够更加全面地积累目标用户群体的消费行为数据，为提高用户的关联消费和平台的渠道价值提供有效保障；就社交入口价值而言，围绕用户群体的引入和版权价值的跨平台实现是社交入口价值的基本体现，也是提升版权社交价值的有力支撑。

小　结

图片素材网站是读图时代中内容社交经济的核心力量，以图片版权为核心，通过拓宽版权服务维度、延伸版权交易路径以及提升版权社交价值来实现图片素材网站的版权价值优化，为满足用户图片版权多维服务需求，适应互联网时代图片产业的健康持续发展起到积极作用。

● 参考文献

[1] 盛希贵. 数字化时代新闻摄影实践面临的挑战 [J]. 国际新闻界，2007：5-10.

[2] 刘琛. IP 热背景下版权价值全媒体开发策略 [J]. 中国出版，2015 (18)：55-58.

[3] 林余萌. 媒介融合时代 IP 的价值与开发 [J]. 出版广角，2016（10）：38-40.

[4] 冷小红. 读图时代的视觉传播特征 [J]. 西部广播电视, 2015 (7): 8-9.

[5] 崔波. 版权跨界运营模式应用评析 [J]. 经济论坛, 2012 (4): 156-158.

[6] 周逵, 苗伟山. 竞争性的图像行动主义: 中国民族网络主义的一种视觉传播视角 [J]. 国际新闻界, 2016 (11): 129-143.

[7] Peters R A, Evans C S. Design of the Jacky dragon visual display: Signal and noise characteristics in a complex [J]. Journal of Comparative Physiology A, 2003 (189): 447-459.

数字音乐专辑的版权转化研究

崔恒勇　王　哲

【摘　要】 随着我国经济规模和互联网技术的快速发展,以强大购买力和跨时空互动传播为基础支撑的粉丝经济正成为文化创意产业经济的重要组成部分。在音乐产业中粉丝成为音乐专辑、演唱会以及明星代言商品等消费的主力军。2015年,国家版权局"最严版权令"的实施,音乐版权环境逐渐向好,数字音乐专辑开启了音乐版权转化的热点模式,有效地解决版权侵权、版权价值实现和版权权益分配等问题是实现音乐产业良性发展的前提。

【关键词】 粉丝经济　数字音乐专辑　版权转化

引　言

作为粉丝经济的支柱产业之一,数字音乐产业借助于垂直网络音乐平台，通过相关数字音乐消费属性聚集粉丝圈，为粉丝用户提供多样化、个性化的数字音乐产品与服务。继数字音乐单曲之后，数字音乐专辑逐渐发展成为当下数字音乐产业的重要产品形态与盈利路径。

一、数字音乐专辑概述

（一）数字音乐专辑的界定

不同于数字音乐的行业范畴概念，数字音乐专辑是以数字音乐单曲为产品基础要素，以网络音乐平台为社交集合中心，最大化实现数字音乐作品长尾价值的数字音乐产品形式。

相对于传统唱片而言，数字音乐专辑主要指的是一种没有实体 CD，通过授权网站下载正版音乐的消费形式。用户需要通过付费购买数字音乐专辑才可以获得专辑的收听权和下载权。用户购买数字音乐专辑之后，可以无限制地使用音乐服务，包括点播、下载及其他服务。

与传统唱片零售形式一样，数字音乐专辑的售卖需要经历企划、制作、宣传、发行四个环节。但数字音乐专辑的消费形式比传统唱片更加便利，单价也更低。同时数字音乐专辑的消费区别于网络音乐平台的会员福利，需要单独购买。

（二）数字音乐专辑的发展背景

互联网的飞速发展深刻冲击着传统唱片业。伴随着音乐盗版、iPod 音乐模式以及自身对数字音乐缺乏认知等多种因素，传统唱片业的萧条与衰退难以避免。乔布斯当年创新的 iPod + iTunes "消费闭环" 数字音乐模式，不仅为其硬件提供了丰富的用户黏合资源，更重要的是其创造出了一个前所未有的、便捷一体化的数字音乐消费方式。苹果数字音乐模式的成功主要体现在闭环消费体系中数字音乐单曲的消费形式。数字音乐单曲是一种新型的音乐发行模式，它的制作、发行、消费等环节主要依托互联网完成。用户购买数字音乐单曲，可以满足对高品质音乐收听和下载的追求。我国国内的音乐市场变革之路略显艰辛，不论是传统唱片公司还是互联网音乐平台在免费音乐和用户培养之间痛苦挣扎，其原因主要是对音乐作品版权的监管与保护措施匮乏。2015年7月8日，国家版权局为加强对音乐作品著作权人权利的保护，规范网络传播音乐作品的版权秩序，发布了《关于责令网络音乐服务商停止未经授权传播音乐作品的通知》（以下简称《通知》）。《通知》出台后，百度音乐、阿里音乐等各大音乐服务商主动下线未经授权的音乐作品220余万首，超过300多家网络音乐平台关张。《通知》的出台一方面为音乐人和版权方营造了一个良好的法规环境，各大数字音乐服务商通过与唱片公司合作获得独家版权，纷纷推出了数字单曲。另一方面也有力地推动了粉丝群体的数字音乐付费意愿。

（三）数字音乐专辑的发展现状

我国数字音乐市场的增长得益于网络粉丝群体的代际迭代和逐步成形的网络付费意识。在数字音乐单曲付费模式的尝试中初获甜头之后，不论是唱片公司、音乐人还是网络音乐服务商都开始积极探索满足粉丝增值消费体验和音乐作品版权权益最大化的新的音乐商业模式，数字音乐专辑就是这一数字音乐产品服务的新突破点。从外部环境而言，国家版权局发布的音乐版权保护法令在打击"网络盗版"的同时，也让音乐再度回归应有的价值；对于创作主体而言，数字音乐专辑更大力度地保障了版权方和原创主体的利益，并使其成为音乐人最直接的变现方式，由此激励他们更好地投入到创作中，同时也提高了粉丝群体的转化率；而对于消费者而言，网络音乐服务商提升用户黏性的方式越发多样，歌手与粉丝的互动方式更加多维，不断强化的忠诚度和便捷的付费路径，使得购买数字音乐专辑的消费行为成为粉丝获得增值消费体验的主要方式。如在酷狗音乐平台购买数字音乐专辑的用户会获得定制的粉丝大礼包（包含艺人给粉丝的一封信、铭牌特权等福利在内），"真爱留言区"环节的设置可以满足粉丝群体对偶像歌手倾诉感情的需求，用户还可以多次购买数字音乐专辑馈赠朋友，并同时实现加入粉丝公会为偶像应援，还有机会登上"铁粉榜"和"土豪榜"等。

二、数字音乐专辑的版权转化困境

（一）数字音乐专辑的版权侵权现象泛滥

作为一种新的网络音乐消费模式尝试，数字音乐专辑也面临着诸多侵权困扰，一方面受制于当前相关版权法规的滞后，另一方面创作主体、网络音乐服务平台与粉丝消费群体三方的权责界限模糊而使得相关侵权现象层出不穷。对于创作主体而言，以往的版权法规难以维护自身权益。受制于网络音乐服务平台的营销合作，其维权的意愿也相对被动。对于网络音乐服务平台而言，提升粉丝用户黏性和用户价值转化是其生存和发展的核心任务，因此占有更多的音乐资源成为其提高竞争力的基础。一般数字音乐平台和唱片公司的版权合约通常是1~2年，版权的易手与垄断也使得较弱的音乐平台冒险侵权来维持自己的平台价值。对于消费群体而言，多样便捷的社交媒体已经淡化了消费者通过付费所获得的数字音乐专辑的使用权和传播权边界，对相关已购音乐作品的改编权、信息网络传播权等的侵犯现象也比比皆是。

（二）数字音乐专辑的版权价值实现路径匮乏

虽然由QQ音乐首创的数字音乐专辑模式成为艺人发行音乐作品的主流模式，但仍处于传统唱片消费网络化的初始阶段，其市场整体规模相对较小，音乐版权价值转化的路径单一。数字音乐专辑目前主要是通过用户付费获取专辑的无限制使用服务，并且可以进行点播和下载的音乐服务模式。数字音乐专辑的盈利主要采用先免费试听单曲，进而售卖专辑的模式。以话题热度和用户点击量为评价指标的粉丝消费模式给众多成长型的艺人尤其是草根艺人和独立音乐人造成了现实的发行壁垒。数字音乐专辑是音乐版权转化最直接变现的产品形式，但在目前的网络音乐业态环境下，一方面缺乏音乐人和数字音乐专辑的 IP 开发体系，另一方也缺乏相关跨业态音乐版权的转化路径。

（三）数字音乐专辑的版权权益难以有效实现

除消费者付费习惯和政策等外部因素外，数字音乐专辑的版权权益实现还面临着诸多内部因素约束，首先是音乐创作主体的议价能力难以保证，数字音乐专辑一方面是音乐版权权益实现的直接路径，另一方面也是网络用户尤其是网络粉丝用户感性消费的方式。在这种音乐发行模式下，既有以 20 元价格发售的数字音乐专辑《周杰伦的睡前故事》，也有以 1 元价格发售的数字音乐专辑《李志北京不插电现场》，数字音乐专辑缺乏标准化的定价机制，音乐创作主体尤其是成长型的音乐人的版权议价能力更低；其次是版权权益的分配环节多，目前以腾讯和阿里为代表的网络音乐平台主要是从传统唱片公司直接购买海量版权，从创作主体到消费者之间过多的权益分配环节也影响了创作主体的版权收益；再次是音乐版权权益分配的管理机制低效，在目前的权益分配机制下，行政部门难以对网络音乐台形成有效监管，同时行政成本分摊过高，难以有效保护音乐创作者的版权权益，缺乏具有公信、透明、高效且适应互联网时代的版权权益分配机制。

三、数字音乐专辑的版权转化路径

（一）建立音乐平台入口端的版权监管机制

国家版权局《关于责令网络音乐服务商停止未经授权传播音乐作品的通知》的实施为我国音乐产业的转型升级创造了良好的制度环境。发售数字音乐专辑的音乐服务商平台作为连接消费群体和创作主体的直接平台，具有数据监管入口的先天优势。就相关技术而言，在网络空间内实现24小时监控所有平台内音乐作品授权与反盗版维权等已没有任何技术壁垒。建立音乐平台入口端的版权监管平台，引入版权权益人和第三方的中国音乐著作权协会，健全版权监管机制，协调音乐版权权益人、运营平台和版权监管方等多方合作，同时完善转授权与版权开发等相关版权制度，为数字音乐专辑的发行与版权价值增值提供相应的制度保障。以音乐服务商平台为版权监管的入口，不仅能提供实时有效的监管服务，同时也为以音乐人和数字音乐专辑为核心的版权增值服务的开发提供最直接的用户基础和监管保障。各大网络音乐平台既可以通过音乐版权转授权的方式进行版权合作，实现音乐资源的共享与流通，同时也可以实现音乐版权的全网覆盖和共同监管，这一方面保证了数字音乐作品的核心版权权益，同时也为相关音乐作品在整个网络音乐业态体系中的延伸开发提供规范性保障。

（二）拓展粉丝群体的版权增值消费路径

数字音乐专辑的售卖方式沿袭了传统商品交易的简单消费路径，难以最大化实现音乐创作的版权价值。粉丝经济是音乐产业的主体经济方式，而音乐IP则是乐迷粉丝消费的核心动力，以粉丝用户群体的消费需求为中心，拓展粉丝群体的版权增值消费是实现数字音乐专辑版权转化的核心任务。首先是延伸开发以数字音乐专辑为核心版权的音乐IP，提供场景化的音乐社交服务模式，使传统的一次性商品购买行为转向多维持续的社交消费；其次是在音乐社交服务中开发如铭牌、等级标签、纪念章等具有故事代入感和仪式获得感的体验消费，通过角色认同、群体认同的社交方式刺激粉丝群体的社交冲动，提升其溢价消费的意愿；最后是将数字音乐IP的社交消费引入线下，形成完整的音乐O2O模式，为粉丝群体打造以数字音乐专辑版权为核心的"音乐版权生态体系"，将直接的数字音乐专辑消费转向多维音乐互动体验消费。

（三）共建实时动态化的版权权益分配平台

数字音乐专辑是音乐产业的核心业务，也是词曲作者、演唱者等音乐创作主体的根本价值体现。网络大数据技术的普及使得实时动态化的数据处理和可视化数据平台得到广泛应用。建立体现创作者音乐主体价值的权益分配机制，搭建由音乐创作主体和音乐平台运营商及具有可信度的第三方共同监管的实时动态化的版权权益分配平台，压缩音乐作品生产与流通等中间环节，取消行政费用，一方面可以提升创作者音乐版权的核心价值，激励音乐创作主体的创作热情，另一方面也可以提升创作主体与粉丝的社交互动意愿与强度，刺激粉丝在以数字音乐专辑版权为核心的音乐服务体系中进行多维度的社交娱乐消费。在粉丝经济背景下强化音乐创作者和粉丝群体的主体地位，建构公平高效的实时动态化音乐版权权益分配平台是适应互联网时代下的数字音乐产业健康持续发展的关键环节。

小　结

数字音乐专辑的版权转化是音乐产业 IP 转化的核心基础，也是保障粉丝经济良性有序发展的重要支撑。数字音乐版权机制应重新审视互联网时代下粉丝经济的实质，加快优化版权监管、版权价值实现及版权权益分配等版权转化环节，才能更好地转向音乐社交服务，为数字音乐产业的转型升级之路提供保障。

● 参考文献

[1] 李芳序. 浅议我国数字音乐版权面临问题及对策［J］. 新闻传播，2016（10）：19-20.

[2] 宋永全，魏玉亭. 数字音乐出版传播特性与商业模式［J］. 中国出版，2013（14）：27-29.

［3］赵开. 论网络环境下音乐版权保护的困境与对策［J］. 湖北函授大学学报，2016，29（16）：83-85.

［4］华蕾. 免费文化还能免费多久——从数字音乐收费看数字音乐版权问题［J］. 市场研究，2014（1）：21-22.

［5］张向丽，吕荣慧. 版权时代下在线音乐生机盎然，数字专辑成新亮点［N/OL］. 艾瑞咨询，2016-07-15，http://report.iresearch.cn/content/2016/07/262472.shtml.

［6］王桢，王芝灵，王般若. 从中外数字音乐盈利模式对比，探求中国数字音乐发展方向［J］. 文化与传播，2014（10）：1.

［7］齐洁. 数字音乐：盈利模式的个性化探索［N］. 中国经营报，2013-05-20.

［8］陈杰. 数字音乐四大盈利模式谁是赢家［N］. 北京商报，2013-05-28.

［10］张鹏飞. 从封闭到开放——一个有关数字音乐产业盈利模式的建议［J］. 音乐文化产业，2013（2）：50-54.

［11］夏夕. 唱片已死音乐产业如何触底反弹？数字音乐抄底千亿市场［N/OL］. 光明网娱乐，2015-06-18，http://www.yule.com.cn/.

秀场直播中的音乐侵权问题研究

崔恒勇 程雯

【摘　要】 泛娱乐时代开启了互联网全民狂欢的热点模式，秀场直播以其突出的角色化社交互动特性成为其中的代表。然而在秀场直播快速发展的进程中也出现了许多音乐版权侵权问题，在秀场直播的互动表演中，除了少部分的原创音乐外，主播大量使用未经授权的音乐，通过音乐改编、音乐翻唱和音乐背景等方式来营造直播间的娱乐氛围，提升主播自身的人气，秀场直播中的音乐侵权问题研究既是网络直播行业健康规范发展的版权基础，也是音乐产业可持续延伸发展的有力支持。

【关键词】 秀场直播　音乐侵权　音乐版权

随着视频推流渠道与内容分发技术的日趋完善，2016年，互联网迎来了"直播元年"。在短短一年多的时间里，斗鱼、映客、熊猫TV、花椒等上百个直播平台蜂拥而起，每日活跃用户高达上亿规模。网络视频直播是以语音、视频等媒介形式,为用户提供即时性的才艺表演(包括演唱、脱口秀、游戏操作等)与内容分享的网络业态形式,其中秀场直播是网络视频直播的主要形式之一。

一、秀场直播中的音乐版权使用现状

移动互联网技术的普及不仅日益改变着人们的社交与消费模式,同时也迎来了全民的泛娱乐时代。作为泛娱乐时代的新兴媒介形式,秀场直播的爆发式增长既是媒介去中心化趋势的真实写照,同时也是内容创作与价值变现的新模式探索。

秀场直播以其特有的角色互动性和多样的表演形式已快速成为直播行业中的翘楚。秀场直播主要可分为明星网红直播和长尾直播两类,明星网红直播具有较强的吸粉能力,依靠主播的自身特质自带流量,并且能够持续输出优质的直播内容,其营收能力也较强;长尾直播则是满足用户向碎片化内容扩散的消费需求,目前的长尾直播内容参差不齐,无法形成用户的持续沉淀。

秀场直播的快速增长与其鲜明的业态特点有着密不可分的关系,其最突出的特点是角色化社交,秀场直播中的主播是其粉丝运营与价值变现的核心竞争力,输出符合用户消费价值标准的典型角色特质内容是秀场直播盈利的基础;其次是实时互动性,不论是在"房间模式"还是在"广场模式"中,用户可以通过终端屏幕实时同步观赏主播表演,与其聊天互动,体验预设的"面对面"虚拟化社交情景;再次是低门槛性,作为泛娱乐时代的产物,广泛的全民参与是其生存和发展的前提,用户仅需要注册网络直播账号、手机验证等就可以开启直播模式。

自2008年起,网络直播行业经历了以9158、六间房、YY等为代表的基于PC端的秀场直播时代;以斗鱼、虎牙、龙珠、熊猫等为代表的游戏类直播时代;以花椒、映客、陌陌等为代表的泛娱乐移动直播时代;以花椒、微鲸科技为代表的基于 VR 技术的新直播时代。秀场直播是网络直播平台最早也是最主要的直播类型，在网络直播中的业务占比较高。秀场直播的爆发式持续发展一方面满足了泛娱乐时代下网络社交中的粉丝经济需求，催生了网红经济；但另一方面受低准入门槛的影响和经济利益驱使，秀场直播内容输出良莠不齐，内容标准缺乏行业规范。

秀场直播为主播提供了展示自我特质和表演才艺的即时互动平台，主播通过自身的表演内容聚拢人气，获得粉丝打赏以实现营收。而在五花八门的表演内容中，音乐是其展示才艺的重要因素。相比较传统的明星之路，秀场直播已成为了草根歌手生存和成名的主要路径。人气主播在秀场直播平台中不断积累粉丝，逐步成为平台内偶像。在庞大的粉丝群体支持下进一步完善制作并发行自己的音乐作品，通过跨媒介平台整合营销进而成为大众媒介中的歌手和偶像。在秀场直播中，还有包括翻唱、改编等多种类型的音乐使用现象，除少部分原创内容外，大多数还是在未经原著作权人授权的情况下将有版权的音乐作品进行演绎与传播，在实现自身利益的同时，也在不同程度地损害音乐版权主体的切身利益。

二、秀场直播中的音乐侵权类型

在秀场直播中，不论是劲歌热舞还是唱歌喊麦，主播自身的才艺表演都会不同程度地使用音乐进行内容生产，从而形成粉丝互动，实现价值创造与变现。秀场直播中所涉及的音乐侵权类型主要包含以下三种。

（一）秀场直播中音乐翻唱所涉侵权问题

音乐翻唱是指将已经发表并由他人演唱的歌曲根据自己的风格重新演唱，不改变原作品。由于秀场直播的低门槛准入特点，翻唱音乐作品成为众多主播展示自我才艺、聚拢粉丝的主要手段。秀场主播的收入来源主要是礼物打赏，以映宇宙（原称"映客"）的热门直播为例，热门主播一天能获得 70 多万映票，全年收入超过千万元人民币。歌曲演唱是秀场主播最廉价便捷的内容生产形式，在其实现价值变现的同时也占有了音乐版权人的音乐表演权利益。秀场直播中音乐翻唱的侵权现象较为普遍，虽然多数直播平台试图以虚拟礼物和虚拟货币的形式来掩盖直播内容的获利本质，但从行为界定的角度来看，主播以营利为目的翻唱音乐作品的行为是其具有表演者权的具体体现，同时不应以侵犯音乐作品著作权人的表演权权益为前提。主播通过翻唱演出所获得的收入既是对自身表演者权利的保护与认可，同时也是著作权人表演权的价值体现。

（二）秀场直播中音乐改编所涉侵权问题

音乐改编是指在原有音乐作品的基础上，通过改变作品的表现形式或者用途，创作出具有独创性的新音乐作品。相比较低准入门槛的音乐翻唱而言，音乐改编对主播团队的创作要求较高，往往需要较专业的音乐素养和从业经验。秀场直播中的音乐改编与演唱行为多发生在有较强音乐专业背景且有品牌化潜质的主播身上，他们对自身的直播内容品牌和粉丝忠诚度都有较强的经营意愿。秀场主播对音乐作品的改编现象一方面是主播自我音乐才华的展示，保证直播内容输出质量的差异化策略；另一方面也充斥着哗众取宠、低俗媚俗的侵权改编行为。主播在实现短期人气的改编演唱的活动中也侵犯了音乐著作权人的改编权，有时也损害到了其相关人格和名誉权。

（三）秀场直播中音乐背景所涉侵权问题

音乐背景是指秀场直播中主播将音乐作为背景衬托，来营造或调节气氛的音乐使用形式，主要用于主播的脱口秀表演或与粉丝互动等环节。在秀场直播中最直接的利润来源是通过主播与粉丝群体间的议程互动来获得礼物打赏的方式实现。在此过程中，除才艺表演外，主播在聊天互动和PK 投票等环节都会使用不同的音乐作为直播背景，以此来调动直播间内粉丝群体的情绪状态，刺激他们的角色认同和族群认同，从而能够加入到感性而从众的投票活动中。秀场主播对音乐背景的使用往往多数未获得音乐著作权人的播放权授权，在实现秀场直播价值变现的同时，也侵犯了相关著作权人的播放权权益。

作为新兴而快速发展的网络业态，秀场直播尚处在野蛮生长阶段。不断演变的社交与变现方式必然伴生着新的权益规范需求。作为秀场直播最核心的版权价值，音乐版权的侵权乱象问题是影响网络直播产业与音乐产业长期良性发展的重要方面。

三、秀场直播中音乐侵权规范路径

互联网时代的娱乐社交促使UGC（用户生成内容）的裂变式增长，以免费与共享为特征的网络内容传播已成为大众网络社交的主流。秀场直播虽然也具有这一典型特质，但是以营利为目的使用他人音乐版权的行为应通过规范的版权使用路径来实现，从而实现音乐版权的健康可持续发展。

（一）秀场直播中以集体管理制规范音乐表演权使用

秀场直播中的音乐翻唱是秀场主播展示自身音乐才艺、提升主播品牌价值及获得粉丝打赏的主要手段，也是音乐版权价值实现的核心路径。以营利为目的的秀场主播在使用音乐创作主体的表演权之后所进行音乐作品的演唱，通过派生的表演者权转让进而从与粉丝互动中获取直接利益。在秀场直播中主播以营利为目的的音乐翻唱行为涉及著作权人与主播之间的表演权授予、主播与秀场直播平台及消费群体之间的表演者权转售变现两个环节。由于在秀场直播中音乐表演权的版权价值变现是其最核心的价值实现路径，为保护音乐作品著作权人的音乐表演权可采用版权集体管理的模式，由音乐版权人与直播平台共同成立版权集体管理组织，对相关表演者提出基本表演规范，依据自身作品价值、观看人次及打赏变现额度等要素采取按次定额或定比例的协商付费模式，并通过直播平台的版权监管系统来完成相关实时的版权保护与版权权益分发,从而实现音乐版权人在秀场直播中核心版权价值的利益保护。

(二) 秀场直播中以签约代理制规范音乐改编权使用

秀场直播中的音乐改编一方面有助于展示秀场主播的音乐才华,强化直播内容的品牌差异,另一方面专业水平参差不齐的改编行为也可能涉及对著作权人作品的歪曲和篡改,并可能最终侵犯著作权人的人格和名誉,给著作权人造成更大的损失。秀场主播在获得著作权人改编权授权(许可或转让)的前提下,享有改编后的音乐作品版权,由此而实现的包含表演权、表演者权、信息网络传播权等版权价值变现则归秀场主播所有;反之,秀场主播在未获得著作权人的改编权授权情况下,私自改编作品并演唱传播,则侵犯了原著作权人的改编权,其相应的既得利益也不受法律保护。音乐改编对再创作主体的音乐素质要求较高,须由具有实时监管功能的直播平台植入专业版权签约代理业务,不仅可准确客观地评估改编主体的创作能力,保证改编作品的创作质量;而且也可实现音乐改编权的版权价值实现,保护音乐著作人的版权权益。

(三) 秀场直播中以按次付费方式规范音乐播放权使用

不论是歌舞秀还是脱口秀,音乐播放权的使用是秀场直播中较为普遍的现象。秀场主播在才艺展示、粉丝互动以及主播间 PK 等环节都会经常使用音乐背景来营造或调动节奏,以期获得更多的人气与打赏。秀场直播作为以主播表演为主的创作形式拥有完整的版权权益,但在主播进行直播的过程中存在多种使用音乐的形式,其所获得的版权权益也包含了所使用音乐的著作权人的权益,作为直播背景使用的音乐也属于这一范畴。参考广播权的权责方式,秀场主播可以不经音乐著作权人许可使用音乐来烘托直播间背景氛围,但应支付相应报酬,以保证音乐著作权人应有的权益。依据秀场直播中音乐播放的频次和客观辅助的功能,可采用按次付费的模式来实现音乐版权人的版权权益，同时也能提升秀场主播把控节奏、营造直播氛围的积极性与有效性。

小 结

在网络直播爆发式增长的同时，也造成了音乐版权可无偿使用的假象。建构适应新业态发展形势的配套法律法规，依靠现实可行的实时动态化大数据监管技术，调动直播平台的主体积极性，才能系统有效地实现秀场直播中的音乐版权权益保护与转化，为新时期的文化创意产业的良性发展提供有力支撑。

● 参考文献

[1] 王传珍. 手机网络直播跻身移动互联网新风口 [J]. 互联网经济，2016（8）：62-69.

[2] 韩倩倩. 资本推波助澜下网络直播或迎行业洗牌 [J]. 行业观察，2016（10）：65-67.

[3] 陈洁. 网络直播平台：内容与资本的较量 [J]. 视听界，2016（03）：63-67.

[4] 赵梦媛. 网络直播在我国的传播现状及其特征分析 [J]. 西部学刊（新闻与传播），2016（08）.

[5] 曾一昕，何帆. 我国网络直播行业的特点分析与规范治理 [J]. 图书馆学研究，2017（06）：4-8.

[6] 徐蒙，祝仁涛. 新媒体视域下UGC模式的法律风险及其防范——以网络直播为例 [J]. 浙江传媒学院学报，2016（04）：13-17.

[7] 王江山. 透视中国网络直播当前的问题与发展趋势 [J]. 新闻研究导刊，2016（13）：321.

在线 KTV 的版权价值转化研究

崔恒勇　左茜瑜

【摘　要】随着网络新媒介与传统音乐产业的不断融合，音乐消费市场衍生出许多功能新颖的网络音乐新业态形式。互联网＋音乐产业进入深度转型时期，在线 KTV 便是这一时期的典型代表。以社交互动与资源共享为优势特征的在线 KTV 在融合创新发展的过程中也面临着版权转化、版权保护以及衍生版权等方面的巨大困境，如何挖掘规模庞大的用户群体消费价值，实现在线 KTV 版权价值的良性转化是成功完成我国音乐产业转型升级的重要课题。

【关键词】在线 KTV　KTV 版权　版权价值转化

引 言

随着互联网泛娱乐时代的到来,传统娱乐业在被不断冲击和颠覆中艰难转型。以钱柜、乐圣等为代表的传统 KTV 行业陆续迎来寒冬,反观以唱吧、9158 为代表的音乐在线 KTV 企业却异军突起,依靠互联网的特色服务不断吸引着"80 后""90 后"等广大的主流消费群体,抢占 KTV 娱乐消费市场。

一、在线 KTV 的发展概述

在线 KTV 是传统 KTV 业态网络社交化的衍变形式。在传统 KTV 提供歌曲伴奏、MV 伴奏等功能的基础上,用户可以在移动终端对演唱的音量、音色、演唱风格等进行个性化设置,也可以在同一个虚拟房间进行一人或多人分角色 K 歌,打破了传统的空间限制和现实社交约束,与此同时还增加了以互动为目的的诸多虚拟功能,如打榜、家族 PK、打赏等。究其核心的音乐服务形式主要分为两大类,一类为单一音频伴唱,用户通过平台所提供的歌曲音频进行伴唱,也可以上传喜欢的歌曲伴奏,分享给其他用户使用;另一类则是视听多媒体伴唱,如 MV 伴奏,其版权所涉及的利益方更为复杂。

2005 年成立的 9158 视频网站是最早开展在线 KTV 业务的网络平台,随后相继涌现了天籁 K 歌、唱吧、全民 K 歌、咪咕爱唱等在线 KTV 平台,其中表现最为抢眼的当属"唱吧"。自 2012 年成立至今,凭借虚拟消费、网络红人、K 歌比赛等优势体验,唱吧迎来持续爆发式增长。此外作为 BAT 势力延伸的代表,全民 K 歌与 QQ 音乐共享音乐版权资源,借助腾讯渠道资源,在微信朋友圈、QQ 好友中推广趣味调音、好友打擂以及趣味互动等功能,快速聚拢了大量用户,被视为 QQ 音乐的音乐社交延伸。

在互联网提速与降费的背景下，在线 KTV 因满足网络用户的个人娱乐诉求而快速成长为全民网络娱乐的主要方式之一。经过几年的快速发展，在线 KTV 平台曲库日趋丰富且更新及时，在围绕用户 K 歌需求的基础上，又新增以歌会友、视频合唱社交、视频直播等泛娱乐功能设置，以及评论、PK、打赏等网络社交功能，在线 KTV 已经由单一的在线 K 歌功能产品发展为综合娱乐类社交平台，兼顾 K 歌功能属性和社交属性的综合性在线 KTV 平台在给用户提供自我歌唱才艺展示与社交功能的同时，也成为了网络红人、草根歌手成名获利的主要途径。2014 年年底唱吧开始尝试 KTV 业务的 O2O 模式，与传统 KTV 企业麦颂合作布局的线下实体店唱吧麦颂 KTV，满足年轻消费群体的多维娱乐消费需求。现阶段在线 KTV 平台的用户规模及核心业务已趋于稳定，各平台商正积极探索在线 KTV 业态的增值模式。基于平台用户流量及 KTV 版权价值转化等相关的商业化变现路径成为在线 KTV 平台所面临的迫切问题。

二、在线 KTV 的版权困境

在线 KTV 虽然是传统 KTV 业态在互联网社交时代的新型衍变产物，但其在版权确权、版权交易以及版权管理等方面却一直在沿用传统版权管理标准，而对于在线 KTV 这一新业态的版权转化、版权保护以及衍生版权的确权与管理等问题都面临着巨大的困境。

（一）在线 KTV 中的版权转化困境

目前我国传统 KTV 业务的版权转化主要是按照 KTV 经营者的包房数量，由中国音像著作权集体管理协会（以下简称音集协）以年为单位代为收取，国家版权局给出的收费参考标准是 12 元/包房/天，在实际执行中部分省市低至 4 元/包房/天，而在线 KTV 作为一种网络社交化的 KTV 新业态采用的也是按年一次性付费购买部分版权权益的粗放模式。传统 KTV 的惨淡景象日趋明显，其相关的版权转化费用也日渐萎缩，以往的版权收费模式难以适应当下的传统 KTV 市场。与之相对应的在线 KTV 业态虽然发展势头火爆，在短短几年的成长期内已积累近四亿用户，但不论是唱吧麦颂 KTV 的 O2O 模式，还是 9158 在线 KTV 的网络跨业态融合模式都还有许多不确定性，其自身的盈利模式尚不明朗，传统粗放的 KTV 版权收费模式也难以引导行业良性发展。伴随着在线 KTV 用户群体规模的不断增长，用户上传分享自己喜爱的伴奏或者样片的现象日益增多。在互联网 UGC 共享经济的大旗下，用户的在线 KTV 消费行为中常常也混淆着对以营利为目的的表演权和信息网络传播权的侵权现象。在线 KTV 平台的快速扩张和庞大用户群体狂欢的盛景下，创作主体的版权价值却不断受到挤压和侵蚀，无法形成良性的行业发展。

（二）在线 KTV 中的版权保护困境

在线 KTV 业态的快速发展不仅严重挤压了传统 KTV 行业的市场空间，同时也使得以往的版权法规难以与之匹配。在线 KTV 业态中的版权侵权形式多样。如在线 KTV 运营平台中的相关主题宣传活动的明星图片的使用涉及肖像权的侵犯；以盈利为目的的"主播"KTV 涉及表演权的侵犯；用户上传分享所喜爱的伴奏等行为涉及信息网络传播权的侵犯等。在线 KTV 业态中的版权确权难度大。相比较传统 KTV 行业的版权法规，在线 KTV 业态中新兴的社交与盈利模式，使得用户社交与平台运营中的版权消费行为较之大相径庭，现有的行业版权法规没有明确的评判标准，这在很大程度上加大了版权确权难度。在线 KTV 业态中的版权监管机制已严重滞后，差异化的盈利路径加大了版权监管难度，监管方、运营方、版权方和消费者四方难以形成有效监管联动机制。在线 KTV 业态侵权方式多样、侵权取证难、维权成本高等特点都使得其版权保护工作面临巨大困境。

（三）在线 KTV 中的衍生版权管理困境

在线 KTV 是以用户群体在线 K 歌为核心消费的网络社交业态，其歌会友、视频合唱社交、视频直播、等泛娱乐社交功能的设置衍生出海量的 UGC 内容,其中不乏多样化的衍生版权。究其形式主要有以下两种,一是通过翻唱他人作品而衍生出的表演者权,表演者权产生的前提在于著作权人将其作品的表演权许可给表演者行使,但是表演者权设定却有利于维护表演者利益,因为表演者权由表演者享有,而表演权却属于著作权人。虽然部分在表演者通过表演者权的转化而获得利润的前提下,多数情况下表演权未获得许可,但这也是社交化的在线 KTV 广泛存在的消费衍生版权。二是改编原著作权人的音乐作品而获得的新版权,这是在线 KTV 业态中网络红人经常衍生出版权方式,包括常用的表演权和信息网络传播权等。部分 UGC 内容是以营利方式隐蔽,以虚拟礼物打赏或 PK 的形式来获取,在线 KTV 的强大社交功能使得 K 歌视频作品的传播范围大大超出了传统卡拉 OK 的消费影响范围,使得在线 KTV 中的衍生版权的确权与管理面临着极大的困境。

三、在线 KTV 的版权价值转化

作为拥有庞大用户规模的在线 KTV 行业以其特有的网络化 KTV 社交的属性正逐步成为草根经济的重要支柱之一,但其版权价值的良性转化却使我们不得不重新审视和梳理的核心问题,也是自身健康可持续发展的基础。

(一)在线 KTV 内容层面的版权价值转化

在线 KTV 的核心业务内容是卡拉 OK,也是版权价值转化的核心内容。随着网络技术和大数据技术的普及运用,卡拉 OK 的版权交易与管理在技术层面已不存在障碍。在版权登记确权方面,在线 KTV 业态的出现为独立音乐人和草根歌手提供了现实的价值转化平台,引入版权登记入口、标识版权登记号,一方面可区别卡拉 OK 创作版权与卡拉 OK 用户消费,另一

方面也可强化版权人权益；在版权收费管理方面，粗放地按年批次购买版权，难以良性有效的维护创作主体权益，在线 KTV 的平台运营方具有即时统计交易与管理的能力与义务，同时按点播次数收费也能保证创作主体的版权价值，促进 KTV 行业的健康发展；在版权价值量化方面，在线 KTV 的平台价值主要受用户规模、用户活跃度、内容活跃度（点播热度）以及线上消费指数、线下引流指数等因素影响，建构平台方、版权方与消费者共赢的版权价值可量化的实时动态模型指数为版权付费提供客观科学依据；在版权增值方面，作为以社交互动为核心竞争力的在线 KTV 平台依靠自身优势为提升创作主体 IP 的品牌价值和创作内容 IP 的话题热度与消费价值，既实现了卡拉 OK 的版权价值增值，同时又满足了消费者消费预期和体验。

（二）在线 KTV 业态层面的版权价值转化

在线 KTV 是包含网络社交和 KTV 两种属性的新兴音乐业态形式。它既具有网络社交的跨时空和跨圈层互动、社会角色的虚拟性和可塑性等特点，又具有 KTV 的场景社交与音乐版权价值转化的实现路径。在 KTV 业态层面的版权价值转化可由以往的创作主体向运营平台的单线单向转化，转而向平台方、创作主体与消费者之间的多维版权价值延伸转化。在运营平台方面，在线 KTV 的场景社交是其版权价值转化的核心优势，平台方可充分运用虚拟包房的可塑性引入相关音乐版权的主题 IP，通过主播（包括虚拟角色主播）的议程互动刺激用户的互动与消费，相关奖品和等级化设置既是议程设置又是相关 IP 的植入媒介；在创作主体方面，在线 KTV 可由草根经济的平层化互动消费方式转向粉丝经济的垂直化互动消费方式，一方面引入明星互动，以明星 IP 和音乐 IP 为核心，细分消费主题社群，强化用户的消费忠诚度，另一方面也为草根歌手提供 IP 价值和版权转化的有效路径，以示范效应来增强消费群体的互动与消费；在消费群体方面，在线 KTV 为消费群体提供创作才华的展示平台，通过主题比赛或打榜的形式，既实现了消费群体的自我满足，同时又鼓励消费群体的音乐版权价值实现。

（三）在线 KTV 平台层面的版权增值转化

相较于传统 KTV 产业，在线 KTV 平台的用户群体更具有价值挖掘优势，尤其是相关音乐版权的增值转化优势。首先，在线 KTV 平台内的版权增值转化，可通过相关版权的 IP 价值延伸开发，如创作主体的数字音乐专辑、实物类的纪念品、明星代言或相关的周边产品等，以及为提高创作主体品牌价值与作品版权价值而设置的专题互动等增值服务，如为创作主体提供直播互动平台，一方面可直接提供创作主体的价值变现，另一方面也可提升消费群体的互动黏性和版权消费意愿；其次在线 KTV 平台可将线上业务引到线下传统 KTV 产业中，将线上互动消费与线下体验消费相结合，打造闭合的 O2O 模式，多维度延伸 KTV 业态的版权增值路径，其三在线 KTV 平台可结合自身用户群体规模大、互动消费黏性强等优势实现跨界异业合作，与电影电视、网络游戏等行业合作，为相关版权的增值提供营销平台和分销渠道等，也可用自身平台培养的草根歌手向其他平台输出，从而更有效地提升原创版权的整合传播效果，实现版权增值转化。

小 结

在线 KTV 的爆炸式发展是网络社交时代下全民娱乐消费的客观反映，体系化研究在线 KTV 的版权现状，有效建构在线 KTV 的版权价值转化路径，是引导泛娱乐时代中在线 KTV 业态向良性有序发展的基础保障。

● 参考文献

[1] 贺骏. 视频网站混战"在线 KTV"模式 9158 未上市先遭山寨 [N]. 证

券日报，2013-03-13.

[2] 徐微. 唱吧APP"声态+"开启音乐互动平台新纪元［J］. 声屏世界·广告人，2016（10）：173.

[3] 黄粟. 中移动无线音乐基地发布"咪咕爱唱"［J］. 通信与信息技术，2013（5）：1.

[4] 陈识. K歌O2O鹿死谁手？［J］. 21世纪商业评论，2015（3）：52-55.

[5] 镜花水月. 你也是歌手，将智能手机打造成移动KTV［J］. 电脑爱好者，2015（3）：86-87.

[6] 中国新闻出版研究院. 2013—2014中国数字出版产业年度报告［R］. 北京：中国书籍出版社，2014.